Extracurricular Reading Enjoyment Quality Improvement

快乐悦读哲学知识

最新鲜的百科知识　　前所未有的想象力激发方式　　最酷炫的探秘信息

段姝 编著

经典图书 珍藏版

中国出版集团
现代出版社

图书在版编目（CIP）数据

快乐悦读——哲学知识 / 段姝编著 . — 北京：现代出版社，2012. 9（2024.1）
（快乐悦读）
ISBN 978 -7 -5143 -0750 -4

Ⅰ. ①快… Ⅱ. ①段… Ⅲ. ①哲学 - 青年读物②哲学 - 少年读物 Ⅳ. ①B -49

中国版本图书馆 CIP 数据核字（2012）第 204166 号

快乐悦读——哲学知识

编　　著	段　姝
责任编辑	张　璐
出版发行	现代出版社
地　　址	北京市安定门外安华里 504 号
邮政编码	100011
电　　话	010 -64267325　010 -64245264（兼传真）
网　　址	www. 1980xd. com
电子信箱	xiandai@ vip. sina. com
印　　刷	三河市人民印务有限公司
开　　本	710mm×1000mm　1/16
印　　张	14. 5
版　　次	2012 年 10 月第 1 版　2024 年 1 月第 9 次印刷
书　　号	ISBN 978 -7 -5143 -0750 -4
定　　价	59. 80 元

前言 PREFACE

快乐悦读——哲学知识

在用心思考孔子的“君子求诸己，小人求诸人”、老子的“道可道，非常道；名可名，非常名”时，你会感叹先人的睿智与豁达；在仔细品读亚里士多德的“人生最终价值在于觉醒和思考的能力，而不只在于生存”时，你会慨叹他才真正洞悉了生命的价值。今天的我们，依然心怀关于世界、社会、人生的种种困惑。然而幸运的是，许多中外哲学先驱已经用敏锐的心为我们揭开了生命的疑团，打开了通往圣境的大门，只等我们走进去细细玩味了。

的确，先哲们在探索哲学智慧的艰难征途中，付出了极大的代价，甚至是牺牲生命，为我们留下了珍贵的精神宝藏，这些思想光辉滋润了无数颗困惑的心灵，指引了一双双探求真谛的眼睛。爱因斯坦曾这样谈论哲学：“如果把哲学理解为在最普遍和最广泛的形式中对知识的追求，那么哲学显然就可以被认为是全部科学之母。”哲学从属于人类的实践，从属于本源事物，是人类思想认识活动或本源事物的存在和表现形式之一。西方哲学在马克思主义哲学形成之前，大约经历了古希腊罗马哲学、中世纪哲学和近代哲学三个时期。中国哲学是世界几大类型的传统哲学之一，致力于研究天人之间的关系和古今历史演变的规律，形成了自己独具特色的自然观、历史观、人性论、认识论和方法论，特别重视哲学与伦理的联系。

本书将把中外经典的哲学思想奉献给读者，全书共有五章：第一章中国哲学流派，第二章外国哲学流派，第三章哲人的人生世界，第四章揭示人生的真谛，第五章指点人生的智慧。在介绍过程中尽量做到寓教于乐，每节都添加了独具特色的小版块，使学生们在领略哲人思想光辉的同时，也能收获一点点乐趣。接下来就让我们顺着先人的指引徜徉在智慧的海洋中吧！

CONTENTS 目录

快乐悦读——哲学知识

KUAILEYUEDU ZHEXUEZHISHI

中国哲学流派

外国哲学流派

哲人的人生世界

揭示人生的真谛

指点人生的智慧

快乐悦读——哲学知识

中国哲学流派

KUAILEYUEDU ZHEXUEZHISHI

中国哲学大约萌芽于商、周之际，成形于春秋末期，战国时代已出现百家争鸣的繁荣局面。中国哲学萌发于西周时期（约公元前11世纪—公元前771年），西周的第一个统治者是周武王，但他在位很短就病逝了，国家的统治权转到他的弟弟周公手中。周公是个了不起的伟人，在他之前，“尊神、敬鬼”是中国的主要思想，周公制礼作乐维系社会的平衡与团结，使世人关注的重心从鬼神转向人事。这种以“人”为本的思想深刻地影响着中国文化，并成为中国古代哲学的萌芽。春秋末期的孔子首创私学，其学生达3000人之多。孔子推崇周公的礼乐，并提出以仁义治国的主张，开创了中国最重要的哲学门派——儒家。儒家成为官学以后，其经典著作被大力推广，其他哲学门派多潜藏在中国文化的各个层次，有的也融合在儒家思想中。中国哲学的发展已有3000多年的历史，大体可分为：奴隶制及其向封建制转变时期的哲学，封建制时期的哲学，从封建制经半封建半殖民地社会向社会主义社会转变时期的哲学。前两段称为中国古代哲学，后一段称为中国近代哲学。

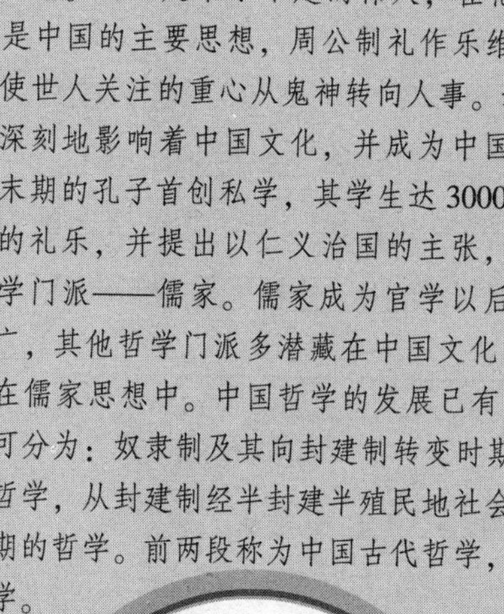

儒家

儒家的创始人是春秋时的孔子。儒家学说是中华民族传统价值观中最重要的一支，它以强势的道德意识及政治理想成为贯穿中华民族历史的主流价值观。

◎基本观点

伦理观："仁"是儒家伦理道德的总纲。"仁"就是爱人，君主要体恤民情、爱惜民力，民众要敬重师长、和睦乡邻。若要实践仁德，需要忠和恕。忠是尽自己的本分，恕是推己及人。提倡以礼、乐约束人的行为，陶冶人的性情。

政治观：主张以礼义治国，恢复西周时期的德治。而社会各阶层人士应尽本分，以达至君君、臣臣、父父、子子的和谐局面。

教育观：孔子提出"有教无类"的主张，认为教育不应分贵贱贤愚。他认为因材施教是理想的教学方法。他提倡温故知新及举一反三等学习方法。

基本小知识

有教无类

所谓"有教无类"，就是说人原本是"有类"的，比如有的智，有的愚；有的孝顺，有的不孝。但通过教育却可以消除这些差别，这就叫"有教则无类"，简称"有教无类"。"有教无类"是教育的结果，不是前提。

宇宙观：对鬼神之说抱着"存而不论"的态度，主张"敬鬼神而远之"，但却十分重视祭祀祖先。

其后孟子以"性善说"论述仁。他认为人性本善，具备了恻隐、羞恶、辞让、是非四种善端，加以发扬，便可形成仁、义、礼、智的德行。

荀子主张“性恶论”，认为人与禽兽无异，“饥而欲饱，寒而欲暖”，若顺从人的本性而行，必会引起纷争。他主张通过教育改变人的本性，为善去恶。荀子强调通过“礼治”维持社会秩序，使社会各阶层人士安守本分。

儒家学说所倡导的“仁、义、礼、智、信”，被历代统治者及学术界所尊崇，成为中国传统思想的核心及道德的主流。

孔子像

◎发展与传播

儒学源远流长，博大精深。它是一个开放的学术体系，上承远古以来的中华文明智慧，在百家争鸣中得以丰富，又在几千年的历史长河中，以海纳百川的学术胸怀不断吸取法家、道家、佛家、基督教等百家文化的营养和精华以得到发展，逐步趋于理性与科学，不断自新、与时俱进，几乎在中国每个历史王朝中都居于主流思想的地位，成为中国传统文化的骨干与主脉，中华文明的核心与精髓。

儒学作为中华民族集体智慧的结晶，深刻地影响了中国几千年，也将继续影响中国乃至世界。儒学的发展大体经历了五个阶段。

儒学第一阶段：原始儒学，即尧、舜、禹、夏、商、周时代儒学原始萌发时期。《中庸》讲“仲尼祖述尧舜，宪章文武，上律天时，下袭水土”，即是关于儒学源流的精辟记述。儒学像一颗生命力坚强的种子，经历了长达几千年漫长而艰难的孕育、生根、发芽、成苗、茁壮过程。这一时期，儒学的影响主要是在黄河中下游地区。

当时圣王一体，帝王既是军事、政治权力的化身，又是人类族群道德楷模和生存发展智慧的化身，因而也是文化的主要创造者和传承者。韩愈提出的儒家道统说，将“尧、舜、禹、商汤、文王、武王、周公……”列入儒家道统传承谱系。孔子对尧、舜、禹、商汤、文王、武王、周公推崇备至，赞不绝口。尤值特书的是，有儒家“元圣”之称的周公，辅佐幼主，平叛治乱，修己安人，建章制礼，为儒学的原初系统化、理论化进行了重要的奠基，也以自身的品格、才学、政绩，为儒家提供了十分理想的人格典范，成为孔子及历代大儒、后世精英孜孜以求的理想人格。

儒学的主要表现形态是原始政治伦理哲学，即人道。一些维系族群家邦的重要概念，即儒学的重要范畴，如仁、义、礼、孝、德、明、信等已逐渐明晰和成形，重要理念和思想如“敬德保民”、“明德慎罚”、“以德配天”、“协和万邦”等已形成。

原始儒学另一重要表现形式为对宇宙原始的认知，即天道，主要思想体现在古《易》中。

此一时期，后来被列为儒家经典的《诗》《书》《易》《礼》《乐》之早期古本已形成和出现。

儒学第二阶段：原典儒学，即春秋、战国时期孔子及其弟子、再传弟子的著述，表现为以“仁道”、“礼治”和中庸之道为核心的孔孟之学。这一时期，儒学影响地域为中原地区。

面对东周末期礼崩乐坏，攻伐不止的混乱局面，孔子“信而好古”，“述而不作”，删诗书，定礼乐，演春秋，聚徒讲学，周游列国，推行理想，矢志于重建上古文明之序，使天下走向稳定与和谐，因此创立了孔学，成为中国

拓展阅读

中庸之道

中庸之道，亦即君子之道，是传统儒家修行的法宝，是由孔子提倡、子思阐发的提高人的基本道德、精神修养以达到天人合一、太平和合神圣境界的一整套理论与方法。中庸之道的理论基础是天人合一，天人合一就是人们自觉修养所达到像美好善良的天一样造福于人类和自然的理想境界。

文化的集大成者、儒家学派具有开创性的旗手。孔学的核心思想为：仁道、礼治和中庸之道。仁字，为二人相处之意，仁道讲的是朴素的集体主义，仁之意在爱人（“仁者爱人”），仁之本在爱亲（“孝弟也者，其为仁之本与”），仁之实质在克己（“克己复礼为仁”）。礼治主张实行礼乐教化，唤起人的普遍社会伦理责任，达至修齐治平之目标。中庸之道，主张言行适时适度适地适人，作为朴素的辩证法，与折中主义、滑头哲学、调和论有本质的区别，使得仁道和礼治实践得以周全稳妥，是一种大智慧、高境界。

孟学和荀学是孔学之后出现的两大儒学高峰。孟学主张“性善论”、“民贵君轻”、“独立人格”和“王道政治”。荀学提出“性恶论”和在“明于天人之分”基础之上的“制天命而用之”的思想，政治上主张“隆礼重法”，王霸并用，将德治理想主义与法治现实主义相结合，为后世儒学真正走向政治实践做出了重要理论奠基。

儒学第三阶段：汉唐经学，即秦、汉、三国、晋、隋、唐时期，儒学吸收道家、法家、阴阳家、佛家等文化之优长而发展的新儒学。这一时期，儒学影响地域逐渐由中原地区扩展至幅员辽阔的整个古代中国。

此时期儒学发展出现两个高峰：一是在经历秦始皇“焚书坑儒”、汉初黄老之学兴盛之后，董仲舒以儒家义理架构为基础，吸取法家、道家、墨家、阴阳五行家思想的合理成分，创立了“天人之学”，通过“天人三策”说服汉武帝实施“罢黜百家，独尊儒术”的政治思想和文化方略，设立五经博士，使儒学由“子学”上升为“经学”，将儒学第一次创造性地用于指导中国一统王朝政权和礼乐刑政制度建设的实践，并取得巨大成效。之后的今古文之争，

董仲舒像

又在一定程度上避免了儒学因独尊而僵化的局面，促进了儒学经学化发展。二是在经历了汉末、三国、晋、南北朝时期玄学的一度兴起和佛教的普遍流行之后，隋末大儒王通创立了以重建儒家“王道政治”为理想的“河汾之学”，通过门生影响唐太宗推行儒家王道仁政，后又通过颁发《五经正义》，采用儒家经典取士，形成尊崇儒学之风。同时，王通还第一次站在儒家的立场上提出了“三教可一”的可贵思想，直接影响唐王朝实行尊儒、崇佛、礼道，三教共奉的开放文化政策，形成“三教鼎立”、多元文化相互包容并存的气象，对成就“贞观之治”起到了重大的推动作用。

儒学第四阶段：四朝理学，即宋、元、明、清四朝时期，儒学继续吸收佛教、道教等文化及满、蒙古等少数民族文化之精华而发展的新儒学。这一时期，儒学不仅广泛影响中国，还远传越南、朝鲜、日本、马来西亚、印度尼西亚等国，甚至一度成为传入国家的主流意识形态，深刻影响了亚洲诸国的发展。

你知道吗

焚书坑儒

焚书坑儒是秦始皇公元前 213 年和公元前 212 年焚毁书籍、坑杀术士（即儒士）的事件。“焚书坑儒”的实质是统一思想的运动。焚书坑儒这种手段是愚蠢而又残暴的，是秦始皇为了加强思想控制而采取的措施，但它毁灭了古代许多典籍，造成文化史上难以弥补的损失。

面对新的社会矛盾和佛教、道教及异族文化的冲击，经北宋“五子”奠基，南宋朱熹会通，数代儒家学人前赴后继努力，开创了在宋元明清四朝长达千年占正统和主流地位的学术思潮——理学。理学的基本精神是以儒家仁道主义为价值内核，批判吸纳佛学、道教思辨哲学的某些理论命题、范畴及精神方法，建构起较为精致的形上本体（天、道、理）与心性相贯通的道德形上学，为儒家思想提供了宇宙论、本体论的论证。理学论证了“理”的本体地位和道德理性的至高无上性，一方面为四朝宗法社会政治伦理秩序的合理性与永恒性提供了理论依据，另一方面用儒家道统限制封建政统，抑制君主和官僚专制权力滥用，对于化解各种社会矛盾，维护社会秩序和四代王朝稳定起到了积极的作用。

儒学第五阶段：当代儒学，即1919年以后，儒学经过血与火的洗礼，经受过了无情的批判与打击，站在时代的新起点，应时而起，大开大合，勇敢地吸收中国的马列主义思想、中国的现代道教、佛教、基督教文化、伊斯兰文化、现代西方思潮等东西方文明的一切优长，融会贯通、充实自我、强健自我，正在建构、发展并积极参与中国历史和人类历史创造的新儒学。

拓展阅读

朱熹简介

朱熹（1130—1200）字元晦，号晦庵、考亭先生、云谷老人，南宋江南东路徽州府婺源县（今江西省婺源）人。19岁进士及第，曾任荆湖南路安抚使，仕至宝文阁待制。为政期间，申敕令，惩奸吏，治绩显赫。南宋著名的理学家、思想家、哲学家、教育家、诗人，闽学派的代表人物，世称朱子，是孔子、孟子以来最杰出的弘扬儒学的大师。

◎代表人物及其思想

儒家的代表人物，除孔子、孟子两位圣人外，主要代表人物还有如下：

荀子，作《荀子》一书，书中倡导化性起伪的思想，主张隆礼重法，认为人性本恶，因此，人必须经过圣王的教化与自身的学习，才能知道善恶，使行为合乎礼义。对于人的认识能力，荀子反对认识的片面性与主观性，主张“虚一而静”以“解蔽”，也就是可以经由训练而达至“大清明”的境界。

董仲舒，西汉经学大师，为武帝献策，倡“罢黜百家，独尊儒术”之说，使儒家哲学思想在中国思想史上因政治之势占有正统地位。董氏重要的思想见于《天人三策》及《春秋繁露》中，前者主张儒家的德治理念，提出各项关于政治的及社会的设计；后者在哲学思想的发挥中，强调天人相感的宇宙论及历史观。董仲舒的哲学建构，正是儒者反映时代心灵的特殊写照，因为汉帝国建立之后，君权的绝对性已经使得所有的儒学理想非通过君王的教化不足以落实，因此思考如何使君王行仁政的方法成为了儒家价值之得以落实的关键。董仲舒一方面绝对化君权，君王是天之子故称天子，另一方面则借由天对天子的制约权而约束天子，借由天神对天子的赏罚谴告之说以恐吓君王不得行暴政。

荀子雕像

佛 家

释迦牟尼佛

佛教发源于距今约2500年前的古印度。佛教的创始人是释迦牟尼佛，这个名号是印度梵语音译过来的，释迦是“仁慈”的意思，牟尼是“清净”的意思，佛是“觉悟”的意思。释迦牟尼佛是北印度人，就是现在的尼泊尔。佛教东汉时自西向东传入我国。严格地说，佛教是佛陀的教育，而不是拜佛的宗教，讲佛教是宗教只是一种通俗的方便之说而已，实则以般若的智慧自内证打破无明烦恼，成就菩提（觉悟）之道。佛教在历史上曾对世界文化传播做出了不可磨灭的贡献，至今依然深深地影响着人们。

◎基本观点

世界观：佛家认为宇宙，从时间上看，无始无终；从空间上看，无边无际。这无边无际的含义包括：大到无边无际，小到无边无际。再小的东西还可以分析下去。此所谓一花一世界，一叶一菩提，坐微尘里转大法轮，芥子可纳须弥山。佛家认为，地球只是宇宙中的一个点而已，定义宇宙为大千世界。虽然，佛陀对宇宙进行了分析，但是，他反对人们把过多的时间投入这方面的讨论之中。佛家认为，了解这些问题，不是当务之急，作为修行者，当务之急是修行，是解脱。他比喻说，一个人被毒箭射中，不是先去了解箭从什么地方来，谁射的，而是要先拔箭，先治伤、消毒，如果先追究箭的来源，那么，来源尚未查清，人已死了。佛家把大千世界作了区分：一方面是凡夫世界，如我们的地球；另一方面，是圣者的世界，如西方极乐净土。当然，凡夫的世界同样可以产生圣者，而西方世界中的圣者无一不是由凡夫世界而来。

道德观：佛家认为从效果上看，人们起心动念，说话做事能引起好的结果就是善，反之是恶。佛家区分善恶的界限，大致分四种：对自己对他人皆有利，是大善；对己不利，但对他人有利，是善；对自己对他人皆不利，是大恶；对己有利对他人不利，是恶。在道德的实践上最基本的内容是五戒。五戒：一、不杀生。任何生命皆有佛性，皆可成佛，皆有生存的权利，不可加害。不杀生的核心是培养仁慈之

广角镜

因缘法则

世间法运行所遵循的规律之一就是因缘的法则。我们常说因果，因果一词全称就是因缘果报。因是事物生起的主要条件，缘是事物生起的次要条件，能生为因，助成为缘。有因有缘，必然成果，此果对因来说称为报，就是“因缘果报”，亦简称“因果”。

心。二、不偷盗，即不予不取。据说，有人拿着纸请弘一法师写字，他写好后，把字寄给索取者的同时，把剪下的杂纸条也一同寄还，持戒精严如此。三、不邪淫，即不搞婚外性关系。四、不妄语，即不说假话，不说艳词等。说假话如逆风举火，烧的是自己；又如朝天吐痰，脏的是自己。五、不饮酒。酒，在佛家眼中，等同麻醉剂。

佛家道德的宗旨是自利利他，“不为自己求安乐，但愿众生得离苦”，其实，利他的同时也是在利己。这种道德观还表现在四摄法门中，即：一、布施。物质的布施，精神的布施，布施是为了去贪心，让人能舍。二、爱语。热心待人，诚恳待人，以慈悲心待人，语如春风，令闻者欢喜。三、利行。遵纪守法，服务社会。四、同事。与大众同甘共苦，互相参与，分享成功。针对出家人，还多提了一条，即六和：身和同住、意和同悦、戒和同修、利和同均、口和无诤、见和同解。一句话，要维护团结和安宁。

人生观：一、人人有佛性，无有差别，人人可以成佛。二、人的本性是善，只是后天的污染才导致变坏，这与儒家的“人之初、性本善”同义。三、人是由地、水、火、风、空、意识等构成，一旦这些元素散离，人体便不存在，但人的业力长存，这业力会影响你来生的品质。四、人的生死，只是生命长河中的一场小戏曲，此即分段生死，不是人一死，就一切结束了。

据佛家的因缘法则，人生无法自我把握，苦空无常，苦围绕着人生。苦是一种存在，佛陀要我们正视他，而不是逃避他。佛陀讲苦的目的，是为了让我们了解苦的真相，然后，进一步去寻找消灭苦的方法。佛说，苦源于人类的无知，这无知指贪、瞋、痴、疑、傲慢等不健康的心态。人人皆有佛性，但是现在人的佛性被无知的心态蒙蔽了，就像明镜蒙上灰尘，发不出光。修行，就是为了扫除这明镜上的灰尘。

◎发展与传播

佛教传入中国，历来均以东汉明帝永平年间，派使去西域取回《四十二章经》为佛法传入中国之始。传播地区以长安、洛阳为中心。中国内地营建的第一座寺院就是洛阳白马寺。东汉时绝大部分佛经都是在洛阳白马寺翻译的。

洛阳白马寺

佛教在中国的三国、西晋各朝代时，主要传播活动仍是佛典翻译，魏都洛阳和吴国的都城建业是传播活动的中心。这个阶段的译经工作和对佛教教义的宣传、研究，为以后佛教发展打下了初步基础。到了东晋南北朝时期，佛教得到了进一步发展，各阶层人普遍信仰佛教，到处建有佛塔、寺院。举世闻名的佛教石窟艺术，如敦煌、云冈、龙门等古代的雕塑、壁画，都是这一时期开始建造的工程。这时有成就的佛经翻译家鸠摩罗什所译的佛典有 384 卷，内容正确，技巧精湛，对佛教发展贡献极大。还有西行取经最有成就的法显，他游历了印度、师子国（今斯里兰卡）等南亚 30 余国，所取回的佛典和撰写的见闻，为佛教发展和研究古代中、南亚诸国史地，提供了宝贵的资料。

知识小链接

佛经翻译家鸠摩罗什

鸠摩罗什，原籍天竺，生于西域龟兹国（今新疆库车县）。幼年出家，初学小乘，后遍习大乘，尤善般若，并精通汉语文，曾游学天竺诸国，遍访名师大德，深究妙义。他年少精进，又博闻强记，于是备受瞩目和赞叹。在东晋后秦弘始三年（401），姚兴派人迎至长安（今陕西西安石井阿姑泉欢乐谷）从事译经，成为我国一大译经家。与真谛（499—569）、玄奘（602—664）并称为中国佛教三大翻译家。

南北朝时的梁武帝笃信佛教，他在位 14 年中，4 次舍身入寺院为僧，最后都由国家出钱把他赎回来。梁武帝亲自讲经说法，撰写经文。梁朝有寺院

2860 所，僧尼 82700 余人。

唐朝是中国佛教发展的鼎盛时期。唐太宗在清除割据、平息骚乱时曾得到僧兵的援助。他即位后下诏在全国建寺院，设释经处，培养了大批佛教高僧、学者。这时最著名的僧人是玄奘（600—664）。他历时 19 年，长途跋涉 5 万余里，到印度取经，共翻译佛经 75 部 1335 卷，并写出了《大唐西域记》见闻录。唐太宗推崇玄奘为“法门之领袖”、“千古而无对”。

北宋朝廷对佛教采取保护政策，中国和印度的僧人间传法交往络绎不绝。天禧五年（1021），北宋佛教发展到顶峰，全国僧尼近 46 万人，寺院近 4 万座。南宋朝廷偏安江南，佛教仍保持一定盛况。元朝蒙古民族崇尚藏传佛教，但对汉地佛教也采取保护政策。

达摩祖师坐像

明朝开国皇帝朱元璋出身僧侣，即位后自封“大庆法王”，亲自讲佛法，度僧道。利用佛教帮助他巩固初建立的明朝政权。清朝各位皇帝都崇信佛教，皇室崇奉藏传佛教，汉语系佛教仍在民间流行。清朝末年中国出现了一批著名的佛学研究学者，如杨文会、欧阳竟无、大虚等。近代思想家如康有为、谭嗣同、章太炎、梁启超等都受过佛学的影响，并对佛教思想提出了新的见解，把佛学思想研究发展到一个新的水平。

◎代表人物及思想

菩提达摩，中国禅宗的初祖。据敦煌出土资料记载，作为达摩学说所传的许多著述中，只有“二入四行说”似乎是其真正思想所在。达摩“二入四行”的禅法，是以“壁观”法门为中心。“以壁观教人安心，外止诸缘，内心无喘，心如墙壁，可以入道，岂不正是坐禅之法”？所谓“二入”是“理入”和“行入”，理入属于理论思考，行入属于修行实践，即禅法的理论和实践相结合的教义。达摩曾以四卷《楞伽经》授与慧可说，我看中国人的根器于此经最为相宜，你能依此而行，即能出离世间。后来慧可成为禅宗二祖。后世佛教徒以“教外别传，不立文字”为达摩禅法的标志，因它直以究明佛心为参禅的最后目的，所以又称禅宗为“佛心宗”。

慧能，是中国禅宗的六祖。他的禅法以定慧为本。他以为定是慧体，慧是定用，犹如灯光，有灯即有光，灯是光之体，这是所谓定慧一体观。他又认为觉性本有，烦恼本无。直接契证觉性，便是顿悟。他说自心既不攀缘善恶，也不可沉空守寂，即须广学多闻，识自本心，达诸佛理。因此，他并不以静坐敛心为禅，这就不同于北宗的教人静坐看心，以为那样将心境分为两截，不能契自心性而生智慧。他教人只从无念着手，并不限于静坐一途。慧能强调“见自性清净，自修自作法身，自行佛行，自成佛道”。

拓展阅读

神　秀

神秀（606—706）唐代高僧，为禅宗五祖弘忍弟子，北宗禅创始人。俗姓李，汴州尉氏（今属河南）人。少习经史，博学多闻。他继承了道信、弘忍以心为宗的传统，认为“一切佛法，自心本有”，反对“将心外求”，禅风以“拂尘看净，方便通经”为特点。其门下传有他所作的《大乘五方便》。

◎ 对中国文化的影响

（1）对中国哲学的影响。中国哲学从它产生以后就是唯物主义和唯心主义、无神论和有神论相互斗争的历史。但从佛教传入中国之后，这两种认识论和思想体系的斗争就形成了错综复杂的局面。佛教哲学的基本观点是否认现实世界的存在而设想出一个与现实世界相对立的“西方极乐世界”。禅宗就把佛教哲学的客观唯物主义转化为主观唯心主义。在这个过程中，儒、佛、道三家，互相排斥又互相影响，互相斗争又互相吸收，在唯心主义的思想体系中结为一体。可以说汉唐以后的中国哲学史，根本就离不开佛教思想史，而且成为中国哲学史的重要组成部分之一。

（2）对中国文学的影响。佛教对中国文学的影响是显而易见的。以题材而论，历代描写佛教的诗文不计其数。从全唐诗来看，共约 5 万首，其中与佛教有关的诗占了近十分之一。这些诗，赞美佛寺风光，歌颂僧俗友谊，有不少写得相当精彩生动。唐宋以来，名僧的社会地位很高，文人纷纷为他们树碑立传，留下许多渗透佛理的散文。其次，以艺术风格而论，由于佛教追求自我解脱，主张离尘脱世，至禅宗而宣扬心中求佛，使文学界形成一种清淡悠远的艺术流派。最后，以创作队伍而论，在中国文学史上出现了不少和尚诗人，史书上称作“诗僧”。

你知道吗

五体投地

印度礼法之一，为佛教最郑重的礼拜法，即两膝、两肘及头顶着地的致敬法，又称五轮投地、五轮着地、举身投地顶礼、接足礼。印度所行之礼敬法共有九种，其第九种即五体投地，为所有礼法中之最殷重者。

广角镜

诗　僧

通晓文艺，善于作诗之僧，又称文僧，一般特指唐代江左之诗僧。所谓江左，即江苏、浙江一带，系继长安、洛阳之后，自中唐以降成为文艺中心地。唐代诗僧以皎然、灵澈、贯休等为代表人物。至宋代，虽有参寥子道潜、觉范慧洪等杰出诗僧，然彼等之作品犹不如一般士大夫之作。

（3）对中国艺术的影响。尤其是绘画和雕塑更能显示出佛教的影响。佛教传入中国，印度以及西域的石窟艺术也跟着传入。中国的石窟艺术是它们的继承和发展。

（4）对中国语言的影响。佛教的流传，使佛语、佛经、佛偈大量渗入社会生活并失去了佛教含义而具有了社会含义，成为人们常用的成语、俗语、谚语和惯用语。如一尘不染、五体投地、头头是道、心心相印、恍然大悟等等。至于从佛教生活衍化出来的语言就更多了，如丈二和尚摸不着头脑、无事不登三宝殿、临时抱佛脚等等。

（5）佛教文物和佛教圣迹的影响。佛教主张离尘脱世，因而寺庙大多建筑在幽深的山林里，形成了“天下名山僧占多”的局面。千百年来，各阶层的人们，为了信佛、拜佛、敬佛和护佛的需要，花费大量的资财，人工建造了无数的石窟、佛像、佛塔和佛寺，留下许多有价值的佛教文物和佛教圣迹，有的甚至堪称世界奇迹。这些佛教文物和佛教圣迹均集雕刻、绘画、书法、建筑、图案艺术之大成，都打上了那个时代政治、经济、文化的烙印。

敦煌石窟大卧佛

道　家

老子巨石像

道家是春秋战国诸子百家中最重要的思想学派之一。道家思想的起源很早，传说中，轩辕黄帝就有天人合一的思想。一般来说，公认第一个确立道家学说的是春秋时期的老子。老子在他所著的《道德经》中对道家思想和学说作了详细的阐述。道家思想其他的代表人物还有战国时期的庄周、列御寇等人。道家倡导自然的世界观和方法论，尊黄帝、老子为创始人，并称黄老。

道家思想的核心是“道”，认为“道”是宇宙的本源，也是统治宇宙中一切运动的法则。西汉初年，汉文帝、汉景帝以道家思想治国，使人民从秦朝苛政中得以休养生息。历史上称之为文景之治。其后，儒家学者董仲舒向汉武帝提倡“罢黜百家，独尊儒术”的政策，并被后世帝王采纳，道家从此成为非主流思想。虽然道家并未被官方采纳，但继续在中国古代思想的发展中扮演重要角色。宋明理学更是糅合了道学的思想发展而成。

拓展阅读

天人合一

天人合一是中国哲学的基本精神，也是中国哲学异于西方的最显著的特征，中国人最基本的思维方式，具体表现在天与人的关系上。它认为人与天不是主体与对象之关系，而是处在一种部分与整体、扭曲与原貌或为学之初与最高境界的关系之中，主要有道家、儒家、佛教三家观点。

道家思想后来被张鲁的五斗米道等宗教吸收，并演变成中国的重要宗教之一——道教。

◎基本观点

道家哲学首先摆脱儒家社会哲学的进路，直接从天道运行的原理侧面切入，开展了以自然义、中性义为主的“道”的哲学。天道运行有其自然而然的原理，道的哲学即在阐明此一原理性内涵，而得以提出一个活泼自在的世界空间。通过对此一世界运行秩序的无定限、无执着的认识，道家哲学发展出迥然不同于儒家的社会哲学。

道家重视人性的自由与解放。解放，一方面是人的知识能力的解放，另一方面是人的生活心境的解放，前者提出了“为学日益，为道日损”、“此亦一是非，彼亦一是非”的认识原理，后者提出了“谦”、“弱”、“柔”、“心斋”、“坐忘”等生活功夫来面对世界。道家讲究“人天合一”、“人天相应”、“为而不争，利而不害”、“修之于身，其德乃真”、“虚心实腹”、“乖天地之正，而御六气之辩，以游无穷”、“法于阴阳，以朴应冗，以简应繁”等等。

道家的社会哲学不是进取、积极的，因为社会只是天道的过程，而不是目的本身。道家认为儒家的社会理想是合理的，但不是绝对的，因此基本上并不需要提出一套决定性的社会理想，因为天道变化，本身无所谓绝对的是非善恶，因而道家强调得更多的是在社会中生存的智慧，而且这种智慧必须是在任何历史情境的社会之中都行之有效的生存之道。也就因为道家的社会哲学不以自己发展为主，而强调应对的智慧，因此利于人们修养生息的需求，故而让汉初的黄老之治有了实验的理论基础。同时使得千百年来中国士大夫失意于儒家本位的官场文化之后，也能任性逍遥地顺遂人生。

◎发展与传播

黄老之学是战国时期兴起的哲学思想流派。黄指黄帝，老指老子。战国时期由于五行学说流行，象征五行之主，同时又是华夏始祖的黄帝，成为兵家、法家、阴阳家、神仙家乃至儒家崇拜和依托的对象。《庄子》书中多处以黄帝为寓言中的高人。战国末年，老子学说与黄帝崇拜相结合而形成黄老之学，它标志着道家思想发展到一个新的阶段。

轩辕黄帝像

黄老之学始于战国而盛行于西汉时期。它是借黄帝之名，宗老子之学，兼取儒、法、阴阳各家而建立起来的。从广义上讲，凡秦汉时期的道家思潮，皆可称为黄老之学；从狭义上讲，只有正式托名于黄帝、老子的学说，才是黄老之学。

黄老之学的经典是《黄帝书》和《老子》。《汉书·艺文志》记载的《黄帝书》有《黄帝四经》《黄帝铭》和《黄帝君臣》。它们是战国时人假托黄帝所写的，内容与《老子》相近，但后来都失传了。1973 年长沙马王堆汉墓出土的帛书《经法》《十六经》《称》《道原》四篇古佚书，是黄老学派的重要著作。书中思想属于道家，也兼采了部分法家和儒家的思想。

李贽像

魏晋时期，玄学成为显学。玄学是以道学的典籍《老子》《庄子》和《周易》（谓之“三玄”）为本，综合儒道而出现的一种崇尚老庄的哲学思想。

玄学衰落之后，道家思想仍是余绪未绝。从隋唐及其之后注释《老子》《庄子》者的数量之众，可窥见一斑。

不过，隋唐之后，道家的存在形式发生了变化。它主要是在道教的阵营中蓬勃发展。道教学者通过对于老庄思想的阐释和发挥来建立其宗教理论。于是，有了隋唐时期的道教重玄学和宋元明清时期的道教内丹心性学理论出现的局面。

道家的后期存在，还具体表现在以下几种方式：

第一，道家思想渗透在别家学术思想体系之中，如道家学说对宋明理学本体论的形成影响尤大。宋明时期的佛教力倡佛儒道三家合流，其中的道就是指道家和道教。

第二，从历代异端学者的思想言行之中，可看到道家批判精神的影子，如晋代鲍敬言之无君

你知道吗

童心说

《童心说》是明代末期杰出思想家李贽的一篇散文，他在文中提出了“童心”的文学观念。“童心”就是真心，“一念之本心”，实际上只是表达个体的真实感受与真实愿望的“私心”，是真心与真人得以成立的依据。李贽将认知的是非标准归结为童心，他认为文学都必须真实坦率地表露作者内心的情感和人生的欲望。

论；明代李贽之童心说，何心隐之育欲说，汤显祖之至情论；清代唐甄之破崇论，袁枚之性灵论等，都与所受道家思想的影响有关。

第三，历代文论和文学艺术作品在不同程度上受到道家的美学思想和思维方式的影响。中国的美学思想史、绘画史、文学史以及书法、雕塑、音乐等，都表现出一种强烈的道家精神。

第四，历代隐士或失意文人也援取道家思想，作为他们的精神支柱。如陶渊明的《桃花源记》，李白的《感兴》《庐山遥寄卢侍御虚舟》、苏轼的《水调歌头》等都受了道家思想的影响。

◎代表人物及思想

道家的理论奠定于老子，老子的《道德经》一书仅有五千言，但字字珠玑，书中广论道的人生智慧，提出一种有物混成且独立自存的自然宇宙起源论，也提出世界存在与运行原理是“反者道之动”的本体论思想，对于存活于其中的人类而言，其应学习的就是处世的智慧。老子也提出了众多的政治、社会与人生哲学观点，但重点都在保身而不在文明的开创，可以说他是以一套宗本于智慧之道的理论来应对混乱的世局，而无意制造社会的新气象，因为那些都不是大道的根本。

庄子是继老子之后道家理论最重要的开创者，道家哲学基本上也就是老庄二型而已。庄子的道家学说不同于老学之处，在于庄子更详尽地处理了人与自然的关系、人的可开创能力，包括智慧、认识能力、身体能量等等。庄子同样站在天道自然的命题基础上，提出了从人的自我修养到面对整个社会国家的处世之道，《庄子》一书就是他从世界观到知识论到工夫论到社会哲学的内圣外王之道的理论。

老子像

列子，战国时人。现存的《列子》八篇，是东晋张湛所辑。一般认为该书反映了战国至魏晋间的思想。《列子》从道家思想出发，并对道家思想中无为的人生观有所改造，强调人在自然天地间的积极作用，认为人在一种不任强使力的生存状态下，不忧天，不畏天，才是最好的生存状态。

王弼，三国时代人。当两汉经学的发展已到尾声，社会政治一直在动乱与不义的情境中，知识分子转向玄学清谈的风气，王弼以其对老子哲学的深切体悟，注解老子《道德经》一书，重体用之分、有无之别。不但发展出诠释老学的宗旨一“贵无”的精神，并以此原理注解《周易》，甚至还因此改变了从汉易以来言象数易学的气化宇宙论，将《易经》的研究方向代之以纯粹玄学思想，使中国易学史走向一个崭新的局面。

◎ 对中国文化的影响

道家对中国文化的贡献与儒家同等重要，只是在政治思想上一为表显一为裹藏之别而已。而道家在理论能力上的深厚度与辩证性，则为中国哲学思想中所有其他传统提供了创造力的源泉。至于道家文化在中国艺术、绘画、文学、雕刻等各方面的影响也是相当巨大的。当然，道家哲学对中国政治活动也提供了活络的空间，使得中国知识分子不会因为有太强的儒家本位的政治理想而执着于官场的追逐与性命的投入，而能更轻松地发现进退之道，理解出入之间的智慧。

法　家

法家是先秦诸子中对法律最为重视的一派。他们以主张“以法治国”的“法治”而闻名，而且提出了一整套的理论和方法。这为后来建立的中央集权的秦朝提供了有效的理论依据，后来的汉朝继承了秦朝的集权体制以及法律体制，这就是我国古代封建社会的政治与法制主体。法家在法理学方面做出了贡献，对于法律的起源、本质、作用以及法律同社会经济、时代要求、国家政权、伦理道德、风俗习惯、自然环境以及人口、人性的关系等基本的问题都做了探讨，而且卓有成效。

◎基本观点

法家极力夸大法律的作用，强调用重刑来治理国家，“以刑去刑”，而且是对轻罪实行重罚，迷信法律的作用。他们认为人的本性都是追求利益的，没有什么道德的标准可言，所以，就要用利益、荣誉来诱导人民去做。比如战争，如果立下战功就给予很高的赏赐，包括官职，这样来激励士兵与将领奋勇作战。这也许是秦国军队战斗力强大的原因之一，灭六国统一中国，法家的作用是显而易见的。

商鞅舌战图

商鞅、慎到、申不害三人分别提倡重法、重势、重术，各有特点。到了法家思想的集大成者韩非时，韩非提出了将三者紧密结合的思想。“法者，宪令著于官府，刑罚必于民心，赏存乎慎法，而罚加乎奸令者也，此臣之所师也。”“术者，因任而授官，循名而责实，操杀生之柄，课群臣之能者也，此人主之所执也。”“抱法处势则治，背法去势则乱。”法是指健全法制；势指的是君主的权势，要独掌军政大权；术指的是驾驭群臣、掌握政权、推行法令的策略和手段。主要是察觉、防止犯上作乱，维护君主地位。

在法家思想里，世界就是国家，国家就是帝王的国家，世界的太平就必须要靠帝王的权威统治与法律的普遍奉行，才能可大可远。这种强悍的世界观点，在理论预设方面，则有其承袭自道家对“道”的理性思考，认为自然界与人没有亲疏关系，只有其无意志的自然法则，而人也不能改变任何天道运行的规律，因此，试图以天道影响人事的一切作为都是迷信，都是应该被打倒的对象，只有靠人为自身的努力才有可能发展人类福祉。这种素朴的宇宙自然观为其重视现实的统治者之权威与利益的君主专制言论，塑造了良好的理论基石。

基本小知识

商鞅简介

商鞅（约前395—前338年），卫国（今河南安阳市内黄梁庄镇一带）人。战国时期政治家、思想家，先秦法家代表人物。商鞅应秦孝公求贤令入秦，说服秦孝公变法图强。孝公死后，受到秦贵族诬害以及秦惠文王的猜忌，车裂而死。商鞅在秦执政约20年，秦国大治，史称“商鞅变法”，并使秦国长期凌驾于山东六国之上，为后来秦国统一六国奠定了基础。

由于法家对于人性的看法是承袭荀子的性恶论，并且从经验层面观察人性的生理需求和实际行为，主张人性普遍好利恶害，贪婪自私，完全不能期望以礼乐化之，只有依靠法治统治才能禁民为非。因此，帝王君主的角色，即在于善用其本身的权势与法术，治理国家；而百姓个人的生存发展与创造自由，只有在整体国家的利益考虑下，才谈得上真自由与真利益。

◎发展与传播

法家思想的传统早自春秋时代的管仲、子产已经发其端倪。“刑杀无赦”尊君重法的观点已多有论及，而以法治国的理论建构与实际政权的设计，到了战国时期的韩非，便臻于成熟阶段。而在秦帝国建立之后，两千多年的政治统治形态，在儒家大旗帜的摆动下，国君以法治民统臣集众权于一身的传统从未消失过。然而，先秦时代的法家论者自来虽受有意富国强兵的国君极端赏识，相对于儒、墨两家而言，有更多施展理想抱负的机会，但是只要国君驾崩，这些法家人物即不免受害而惨死，实在是由于学说过分地刻薄寡恩，与当权贵族的利益严重冲突，因而有此不得不然的结果。也正因为先秦时代的法家思想当中，缺乏对人性的正面肯定与价值创造的重视，是以日后法家的理论为求生存，不得不进行修正，在儒家尊君重民的口号中找到新的发展空间。

◎代表人物及思想

韩非子像

法家哲学以韩非子为集大成者。在韩非子之前，一般说来荀子的思想已经充满了法治的精神，荀子可以说是儒与法的过渡性人物。唯其说仍保留对人性得以礼乐教化而于品德上有自我超升的可能性，并且推尊周孔，尚贤贵民，因之不能严格称其为法家人物。

早期法家代表人物有李俚、吴起、商鞅、申不害、慎到。李俚根据当时各国法律编著《法经》，成为中国最早的一部法典。吴起善用兵，重视明法审令与耕战之策，较李俚更进一步。商鞅在秦变法，强调并推广法律至上的观念，以重刑止罪及坚守平等原则。行之有年，秦国大治，奠定秦国未来一统天下的富强基础，并且建立了法的超越性及普遍性。申不害以综合名实与言术著称，认为这是君主御用群臣、谋求政绩的重要统治方法。而慎到是由道入法的关键人物，他的主要观点在因循与重势，也就是说明“因人之情，循人之

拓展阅读

李俚的《法经》

李俚参考各国的法律，综合成为一部法典，命名为《法经》，是中国最古老的成文法典之一，共有六篇，即《盗》《贼》《囚》《捕》《杂》《具》。其主要内容是惩办盗贼，以保护地主阶级的人身和财产安全，维护封建统治秩序。

欲”与君主统治权力赖以行使的威势在法治体系中的决定性地位。

韩非子，战国时韩国人，其著《孤愤》《五蠹》传到秦国，秦王嬴政看罢大喜。韩非子集合前期法家的思想精华，将法、术、势集中于君主一身，在政治上主张强国弱民，在制度上主张尊今不法古，重赏罚，废诗书，以吏为师等等，表现出一种活生生的杀伐争夺的世界观。

◎对中国文化的影响

中国历史上，秦帝国的统一结束了战国分裂混乱的局面，使中国正式走上统一的君主专政时代，进入另一形态的历史阶段。而统一之所以可能，法家的贡献则不遑多言；至于后世历朝的政治制度的设计或是变法的作为，也莫不受到法家思想的指导。但是法家思想中否定价值的主张，提倡君权却无控制君权之方造成中国政治传统更易于走向人治的方向。

墨家

墨家的创始人是墨子，它是在战国初期登上历史舞台的。这是一个有领袖、有学说、有组织的学派，他们有强烈的社会实践精神。墨者们吃苦耐劳、严于律己，把维护公理与道义看作是义不容辞的责任。墨者大多是有知识的劳动者。

◎基本观点

儒墨两家哲学堪称中国古代哲学思想的“显学”。与儒学不同的是，墨学思想同样是站在西周文化的传统中，却主张从一般百姓的立场上谈“兴天下之利，除天下之害”的重要性及其方法。而这种兴利除害的理论预设即为其著名的“兼爱”思想，提出了“爱无差等”的理想命题。

此外，墨学的开创者墨子是有神论者，认为天与鬼的智慧和权威远远超过古代圣王，是因为天是掌握正义，赏善罚恶，爱利百姓的最高主宰。可以说，墨家思想是以宗教代替一切道德与权威，展现的是理想的平民主义思想。

由于墨家思想的平民性格，其涉及理论的内容也就特别着重于大众化的福利取得与平民式的自我超升。不论是主张和平的兼爱、非攻或是“必顺乎天”的尊天、事鬼，其要点在于使人的能力的发展与一切行为能如实地遵循天的意志，而且在社会中的举事任职，也都有一定的标准。这不仅是形式上的要求，更是一种自我的反省与自觉。也正是这种对于标准的反省，于是格外重视逻辑性的思辨与理论验证的检查，因此，发展出相当严格的逻辑体系。

墨子塑像

墨家哲学中的社会哲学主张是积极进取的，充满“舍我其谁”的态度。不但从理论上抒发国与国、家与家、人与人之间兼爱、非攻的思想，还通过实际行动亲身参与各种反战行动与建设事业。在知与行上完全奉行从百姓到天子“尚同于天”的原则，希望达到世界大同的理想。由于其站在平民角度上立论，讲究节俭刻苦，杜绝浪费，使其文化哲学理论呈现素朴保守之风。

拓展思考

“兼爱”思想

所谓兼爱，包含平等与博爱的意思。墨子要求君臣、父子、兄弟都要在平等的基础上相互友爱，“爱人若爱其身”，并认为社会上出现强执弱、富侮贫、贵傲贱的现象，是因天下人不相爱所致。

◎ 发展与传播

墨家兴起与当时的社会背景是分不开的，春秋战国时代诸侯并起，群雄逐鹿。没有了强权，社会思想开化，墨家所代表的平民哲学登上舞台，成为与儒学并称的学派。墨子在与强权作斗争、阻止战争的过程中，建立了属于墨家自己的半军事化队伍，这是任何强权都不能容忍的。墨子死后，各个诸侯利用墨家的军事队伍与军事技术来争霸，培养属于自己的墨家学派，于是墨家分裂。在秦始皇一统中国以后，对墨家、儒家等不属于法家的学派进行迫害，统一思想。由于时间短，秦朝灭亡以后，汉初实行无为而治，儒墨之徒又充满天下。到了汉武帝时期独尊儒术，墨家再次受到打击，道家无为基本上对统治阶层没有威胁，而有着半军事化队伍的墨家是不能被接受的，加上汉朝长达 400 年的统治，墨家在以后逐渐消失。尽管后来也有墨家门徒，但没有成气候。中国社会进入了皇权社会。

◎ 代表人物及思想

墨家哲学代表人物即为墨子，其重要思想观点包括在下列内容之中：兼爱（人人平等互助互爱）、非攻（反对侵略战争）、尚同（上下一心为人民服务，为社会兴利除弊）、尚贤（不分贵贱唯才是举）、非命（通过努力奋斗掌握自己的命运）、非乐（摆脱划分等级的礼乐束缚，废除烦琐奢靡的编钟制造和演奏）、节用（节约以扩大生产）、节葬（不把社会财富浪费在死人身上）、尊天（掌握自然规律）、明鬼（尊重前人智慧和经验）等。充分反映出其素朴的自然宗教观，并把一切政治的、社会的、道德伦理的各方面思想完全以宗教性的面纱加以合理化。值得注意的是墨子的科学精神，他对科学哲学中的概念定义有所主张，对于科学方法的建立、科学教材的撰写以及科学思想的传授都有所影响，使得中国科学研究和应用很早就展现了高度智慧。

墨子死后，后期墨家分裂成许多派别，而他们的共同点都是以《墨子》

为研读与发展思想的主要依据。基本上形成两派：一派是从自然科学、逻辑思辨的法则与认识论问题着手，主张人的认识能力是获得知识的工具，但必须通过感官与思维作用始得，而逻辑的真伪的标准只有通过客观的自然世界或人类社会现状的验证才能取得。另外一派是发展墨子的宗教理念，他们试图在现实政治权力无法取得或予以保护的情况下，仍能奉行墨子平等兼爱的社会理想，因而发展成劫富济贫的游侠之路。

墨子的思想在战国时代十分盛行，门人弟子遍布天下，影响层面很大。墨子以其务实的入世理想，高越的人格情操，丰富的思想内容，完善的教材设计，形成了一个极其严密而充满宗教精神的团体，深深吸引了无数百姓与知识分子。也因为这个团体的切实践履态度，在参加各小国反战保卫的活动、协助农耕及军事防御建设等方面显示出墨家势力的庞大。

◎ 对中国文化的影响

在战国时代唯一能与儒家抗衡的就是墨家学派。虽然墨学不像儒学的发展那样源远流长，但其有关政治学上所主张的贤人政治与中央集权，在社会学上所主张的兼爱反战与重节俭反奢华，在宗教思想上尊天重鬼与非命，在科学态度上讲究理性与实践，无一不在中国思想界和大众日常生活中造成实质性的影响。墨子精神在民间的发展是显而易见的，游侠的侠义作风与方士的炼丹，都受到墨子学说的启发。

基本小知识

中央集权

中央集权是相对于地方分权而言，其特点是地方政府在政治、经济、军事等方面没有独立性，必须严格服从中央政府的命令，一切受控于中央。

名 家

名家主要活跃在春秋战国时期，时称“刑名家”或“辩者”，郑国大夫邓析为先驱。它是以思维的形式、规律和名实关系为研究对象的学派。以善辩论著称于世。由于种种原因，名家这个学派只是风行一时，后来几乎没有了继承人，一般人在谈到先秦诸子的时候，甚至还有可能忽略它。首先正式提出“名家”这个说法的，是西汉时代的学者。

◎基本观点

名家并没有共同的主张，仅限于研究对象的相同，而各说差异很大。主要有“合同异”和“离坚白”两派。

所谓“合同异”，即认为万物之“同”与“异”都是相对的，皆可合其同异一体视之。该派以宋国人惠施为代表。惠施提出著名的“历物十事”，即“天与地卑，山与泽平”、“泛爱万物，天地一体”等十个命题。

所谓“离坚白”，即认为一块石头，用眼只能感觉其“白”而不觉其“坚”，用手只能感觉其“坚”而不觉其“白”。因此“坚”和“白”是分离的、彼此孤立的。该派以赵国人公孙龙为代表，他提出了“白马非马”、“离坚白”等命题。

惠施与庄子会见图

“合同异”强调事物的统一性，“离坚白”强调事物的差异性。战国末期，后期墨家对二者的片面性有所纠正，提出了“坚白相盈”的观点，荀子亦强调“制名以指实”。

◎代表人物及思想

惠施，宋人，是名家的代表人物。他曾任魏的相国，主张联合齐、楚，尊齐为王，以减轻齐对魏的压力。据说，南方有个奇人叫黄缭的，曾询问天不塌地不陷以及风雨雷霆发生的原因，惠施以“遍为万物说”从容应对。

惠施的“历物十事”提出十个命题，主要是对自然界的分析，其中有些含有辩证的因素。他说:“至大无外，谓之大一；至小无内，谓之小一。”“大一”是说整个空间大到无所不包，不再有外部；“小一”是说物质最小的单位，小到不可再分割，不再有内部。在万物千变万化的形态中，有“毕同”和“毕异”的“大同异”，也还有事物之间一般的同异，就是“小同异”。他把事物的异同看作相对的，但又是统一在一起的。这里包含有辩证的因素。

公孙龙，赵国人，他的主要思想保存在《公孙龙子》一书中。《汉书·艺文志》中名家有《公孙龙子》十四篇，今存六篇。《迹府》是后人汇集公孙龙的生平言行写成的传略。其余五篇是:《白马论》《指物论》《通变论》《坚白论》《名实论》。其中最重要的两篇是《白马论》和《坚白论》，提出了“白马非马”和“离坚白”等论点。他提出了逻辑学中的“个别”和“一般”之间的相互关系，但把它们之间的区别夸大，割断二者的联系，是一种形而上学的思想体系。

你知道吗

“白马非马”

公孙龙子有许多有趣的诡论，最著名的要算是白马非马论了。相传故事大概是这样的，一天公孙龙子骑着一匹白马要进城，该城门的看守官说，依照规定马不可以进城。于是公孙龙子就开始他的论证——白马非马，最后它说服了守城官，于是就骑着他的（不是马的）白马进城去了。在我们的实际生活中绝不能像公孙龙那样主观任意地割裂事物的联系，抓住事物的一个方面，而否认另一个方面，否则在理论和实践上的危害是极大的。

名家的地位与对后世的影响均不及儒、墨、道、法诸家重要，但它在战国中期却是一个非常活跃的学派，标志着中国古代逻辑学达到了相当的水平。

阴阳家

“阴阳”和“五行”概念的提出，最初分别见于《周易》和《尚书》，但这两种观念的产生，可以追溯到更久远的年代。到战国时代，阴阳和五行融为一体，形成一种新的思想观念，便是以“阴阳消息，五行转移”为理论基础的宇宙观。阴阳家由此而产生，它是战国时期重要学派之一，因提倡阴阳五行学说，并用它解释社会人事而得名。

西汉初期阴阳家仍然活跃在社会上，但在汉武帝“罢黜百家，独尊儒术”后，部分内容融入儒家思想体系，部分内容为原始道教所吸收，作为独立学派的阴阳家退出了历史舞台。

◎基本观点

其思想主要源于儒家和儒家所推崇的“六经”。

自然观：利用《周易》的阴阳观念，提出了宇宙演化论；又从《尚书》的“九州划分”进而提出“大九州”说，认为中国为赤县神州，内有小九州，外则为“大九州”。

历史观：将五行观改造为“五德终始”，认为历代王朝的更替兴衰均由五行所主运。其目的在为当时的社会变革进行论证，但却陷入了历史循环论。

基本小知识

六　经

大汉、大曹魏、大冉魏、大晋、大宋：《周易》《诗经》《乐经》《礼记》《尚书》《左传》；大唐、大明的：《周易》《诗经》《乐经》《礼记》《尚书》《春秋》（六经中的《乐经》一般认为已经失传，所以很多人称“五经”）。

知识小链接

五 行

五行是中国古代的一种物质观，指金、木、水、火、土五种物质，认为大自然由五种要素构成，随着这五个要素的盛衰而使大自然产生变化，不但影响到人的命运，同时也使宇宙万物循环不已。如果说阴阳是一种古代的对立统一学说，则五行可以说是一种原始的普通系统论。

◎代表人物及思想

战国时，阴阳家有公梼生、公孙发、南公等人，但以邹衍最为著名。邹衍（约公元前305—公元前240）是齐国人。齐宣王时，邹衍就学于稷下学宫，先学儒术，后改攻阴阳五行学说，然而终以儒术为其旨归。

邹衍像

邹衍认为，从天地形成以来的人类社会都是按照“五德转移”的次序进行循环的。而五德转移是仿照自然界的五行相克即土克水、木克土、金克木、火克金、水克火的规律进行的。人类社会的历史变化同自然界一样，也是受土、木、金、火、水五种物质元素支配的，历史上每一个王朝的出现都体现了一种规律。

邹衍另一重要理论，就是“大九州”论，是说神州（中国）内的九州是小九州，神州之外还有八大州，连神州算在一起是大九州，这才是整个天下。这个说法不是通过考察得来的，而是邹衍推断出来的。

西汉大儒董仲舒运用阴阳学说，论证德主刑辅的理论，完善了天人相应、三纲五常、天谴灾异、崇本抑末等诸多学说，成功地实现了先秦儒学的革新与转化。阴阳五行学说还促进了运气学说和疾病猜测理论的形成，确立了藏象、经络、中药四气五味模型，形成了中医防治观，构建了中医理论体系的框架。

广角镜

三纲五常

出自于《论语·为政》，“三纲”是指“君为臣纲，父为子纲，夫为妻纲”，要求为臣、为子、为妻的必须绝对服从于君、父、夫，同时也要求君、父、夫为臣、子、妻做出表率，反映了封建社会中君臣、父子、夫妇之间的一种特殊的道德关系。“五常”即仁、义、礼、智、信，是用以调整、规范君臣、父子、兄弟、夫妇、朋友等人伦关系的行为准则。

新道家

“新道家”是一个新名词，指的是公元三四世纪的“玄学”。“玄”有微妙、神秘的意思。《老子》第一章说：“玄之又玄，众妙之门”，所以“玄学”这个名称表明它是道家的继续。

◎主理派

新道家研究了名家的惠施、公孙龙等人的学说，将他们的玄学与他们所谓的名理结合起来，叫作“辩名析理”。

新道家中有一大部分人，认为孔子是最大的圣人。其原因，一部分是由于孔子在中国的先师地位已经巩固了，一部分是由于有些重要的儒家经典，新道家已经接受了，只是在接受过程中按照老子、庄子的精神对它们重新作了解释。

郭象的《庄子注》，是这个时期最重要的哲学著作之一。这里有一个历史问题，就是这部著作是不是真是郭象的，因为与他同时的人有人说他是剽窃向秀（约221—约300）的。事情似乎是这样的：两人都写了《庄子注》，思想大都相同，过了一段时间，这两部《注》可能就合成了一部书。向秀、郭象的籍贯都在现在的河南省，都是玄学和清谈的大师，是新道家主理派的代表。

郭象像

向、郭对于老子、庄子原来的道家学说作了若干极重要的修正。第一个修正是，道是真正的无。老庄也说道是无，但是他们说无是无名。就是说，老庄以为，道不是一物，所以不可名。但是向、郭注以为，道是真正的无，道“无所不在，而所在皆无也”。

在向、郭的体系里，“天”或“天地”才是最重要的观念。天是万物的总名，所以是一切存在的全体。从天的观点看万物，使自己与天同一，也就是超越万物及其差别，用新道家的话说，就是“超乎形象”。

向、郭反对有生于无的观点，认为天地间一切事物都是独自生成变化的，万物没有一个统一的根据，在名教与自然的关系上，他调和二者，认为名教合于人的本性，人的本性也应符合名教。他认为社会中有各种各样的事，人生来就有各种各样的能力。有哪样能力的人就做哪一种事业，这样的安排既是出乎自然，也合乎人的本性。

向、郭除了对原来的道家作了重要的修正，还把庄子只是暗示了一下的东西讲得更加明确，但是谁若只爱暗示不爱明确，当然会同意禅宗某和尚所说的:“曾见郭象注庄子，识者云：却是庄子注郭象。”

◎主情派

晋代主情派的代表是竹林七贤，这些人的精神内核是“风流”。为了理解“风流”，我们就要从《世说新语》中看。

基本小知识

竹林七贤

魏正始年间（240—249），嵇康、阮籍、山涛、向秀、刘伶、王戎及阮咸七人常聚在当时的山阳县（今河南辉县市、修武县一带）竹林之下，肆意酣畅，世谓竹林七贤。

魏晋的新道家和他们的佛教朋友，以“清谈”出名。清谈的艺术在于，将最精粹的思想，通常就是道家思想，用最精粹的语言，最简洁的语句，表达出来，所以它是很有讲究的，只能在智力水平相当高的朋友之间进行，被人认为是一种最精妙的智力活动。《世说新语》记载了许多这样的清谈，记载了许多著名的清谈家。这些记载，生动地描绘了三、四世纪信奉“风流”思想的人物。所以自《世说新语》成书之后，它一直是研究“风流”的主要资

竹林七贤图

料。晋人风度是放达、文雅。文雅也是“风流”的特征之一。

主情派强调任从冲动而生。人活着应当任从他自己的理性或冲动，不应当遵从当时的风俗和道德。用三、四世纪常用的话来说，就是应当任“自然”，不应当循“名教”。

刘伶恒纵酒放达，或脱衣裸形在屋中。人见讥之。伶曰：“我以天地为栋宇，屋室为裈衣，诸君何为入我裈中！”（《世说新语·任诞》）刘伶固然追求快乐，但是对于超乎形象者有所感觉，即有超越感。这种超越感是风流品格的本质的东西。

具有这种超越感，并以道家学说养心即具有玄心的人，必然对于快乐具有妙赏能力，要求更高雅的快乐，不要求纯肉感的快乐。《世说新语》记载了当时“名士”的许多古怪行为。他们纯粹任从冲动而行，但是丝毫没有想到肉感的快乐。

主情派具有物我无别、物我同等的感觉，他们强调妙赏能力，有了这种能力，再加上前面提到的自我表现的理论，于是毫不奇怪。道家的许多人随地排遣了他们的情感，又随时产生了这些情感。

竹林七贤之一的王戎，《世说新语》里有他的一个故事：王戎丧儿万子，山简往省之。王悲不自胜。简曰：“孩抱中物，何至于此？”王曰：“圣人忘情，最下不及情，情之所钟，正在我辈。”简服其言，更为之恸。（《世说新语·伤逝》）

王戎的这番话，很好地说明

拓展阅读

《世说新语》

《世说新语》是中国南朝宋时期（420—581）产生的一部主要记述魏晋人物言谈逸事的笔记小说。由南朝刘宋宗室临川王刘义庆（403—444）组织一批文人编写的，梁代刘峻作注。全书原八卷，刘峻注本分为十卷，今传本皆作三卷，分为德行、言语、政事、文学、方正、雅量等三十六门，全书共1000多则，记述自汉末到刘宋时名士贵族的遗闻逸事，主要为有关人物评论、清谈玄言和机智应对的故事。

了，为什么新道家有许多人是主情派。可是在绝大多数情况下，他们的动情，倒不在于某种个人的得失，而在于宇宙人生的某些普遍的方面。

由于有这种妙赏能力，这些有风流精神的人往往为之感动的事物，其他的普通人也许并不为之感动。他们有情，固然有关于宇宙人生总体的情，也有关于他们自己的个人感触的情。

像这些都是晋代新道家“风流”精神的特征。照他们的看法，“风流”来于“自然”，“自然”反对“名教”。

新儒家

公元 581 年，中国经过数世纪的分裂之后，又由隋朝（581—618）统一起来。可是不久隋朝又被唐朝（618—907）取代，唐朝是一个强大的高度集中的皇朝。唐代在文化上、政治上都是中国的黄金时代，媲美汉代，在某些方面超过了汉代。

儒家经典占支配地位的选拔官员的考试制度，于 622 年重建起来。628 年，唐太宗（627—649 在位）命令在太学内建孔庙；630 年，他又命令学者们准备出儒家经典的官方版。

这项工作的一部分，是从前代浩繁的注释中选出标准的注释，再为标准注释作疏。然后皇帝以命令颁布这些经典正文及其官方注疏，在太学里讲授。以这种方式，儒家又被重新确立为国家的官方教义。

这时候，儒家表现在孟子、荀子、董仲舒等人著作中的活力早已丧失。经典原

韩愈像

文俱在，注疏甚至更多，可是都不能满足时代的精神兴趣和需要。道家复兴和佛教传入之后，人们变得对于形而上学问题，以及超道德价值，或当时称为性命之学的问题，比较有兴趣。关于这些问题的讨论，在儒家经典如《论语》《孟子》《中庸》，特别是《周易》中，已经不少。可是，这些经典都需要新的解释和发挥，才能解决新时代的问题。当时尽管有皇家学者们的努力，仍然缺乏这样的解释和发挥。

直到唐代的后半叶，才出了两个人，韩愈（768—824）与李翱（约844年卒），他们做出了真正的努力，为了回答他们当代的问题而重新解释《大学》《中庸》。

韩愈，唐代著名文学家、古文运动倡导者。在唐朝一片大乘佛学的思潮及社会风气中，独自振起儒学大旗，排斥佛教思想，倡导恢复中国儒家思想的传统，开启宋明时代新儒学思想发展的大方向。他的这种思想，在其《原儒》一文中表达得淋漓尽致。

知识小链接

大乘佛教

大乘佛教亦称“大乘教”，简称“大乘”，因能运载无量众生到达菩提涅槃之彼岸，成就佛果，故名。又称部派佛教为“小乘”或“二乘”。历史上广义的大乘佛教泛指当时的北传佛教，现代狭义的大乘佛教一般专指汉传佛教，其与南传、藏传（密乘）共同组成佛教三大语系。

李翱，唐代思想家及文学家，是韩愈的侄婿也是门人，他是追随韩愈复兴儒学、反对佛教思想的一员大将，其哲学思想的造诣更有过于韩愈。代表其思想的重要著作是《复性书》，文章以《中庸》的理论为基础，提出“性善情恶”的人性论，认为只要加强道德修养，消除情欲的干扰，便可恢复人的本然之性，便可成为圣人。李翱在思想史上的重要地位，在其对于《中庸》理论的揭示与发挥，对宋明儒学的理论方向之确立，有极大影响。

新儒家的主要来源可以追溯到三条思想路线。第一，当然是儒家本身。

第二，是佛家，包括以禅宗为中介的道家，因为在佛家各宗之中，禅宗在新儒家形成时期是最有影响的。在新儒家看来，禅与佛是同义语；在某种意义上，可以说新儒家是禅宗的合乎逻辑的发展。第三是道教，道教有一个重要成分是阴阳家的宇宙发生论。新儒家的宇宙发生论主要是与这条思想路线联系着。

这三条思想路线是异质的，在许多方面甚至是矛盾的。所以哲学家要把它们统一起来，这种统一并不是简单的折中，而是形成一个同质的整体的真正系统，这当然就需要时间。因此，新儒家的开端虽然可以上溯到韩愈、李翱，可是它的思想系统直到 11 世纪才明确地形成。这已经是宋代（960—1279）最繁荣的年代了。

不过，最早的新儒家，主要兴趣在于宇宙发生论。

◎宇宙发生论

第一个讲宇宙发生论的新儒家哲学家是周敦颐，号濂溪先生（1017—1073）。他是道州（今湖南道县）人，是公认的理学开山鼻祖。在他以前很久，有些道教的人画了许多神秘的图，以图式描绘秘传的道，他们相信得此秘传的人便可成仙。据说周敦颐得到了一张这样的图，他予以重新解释，并修改成自己设计的图，以表示宇宙演化过程。这倒不如说是他研究和发挥了《易传》中的观念，再用道教的图表示出来。他画的图名为“太极图”，他作的解释名为“太极图说”。

周敦颐像

他继承《易传》和部分道家以

及道教思想，提出一个简单而有系统的宇宙构成论，说“无极而太极”，“太极”一动一静，产生阴阳万物。“万物生而变化无穷焉，惟人也得其秀而最灵。”（《太极图说》）圣人又模仿“太极”建立“人极”。“人极”即“诚”，“诚”是“纯粹至善”的“五常之本，百行之源也”，是道德的最高境界。只有通过主静、无欲，才能达到这一境界。在以后700多年的学术上产生了广泛的影响，他所提出的哲学范畴，如无极、太极、阴阳、五行、动静、性命、善恶等，成为后世理学研究的课题。

另一个讲宇宙发生论的新儒家哲学家，是邵雍，号康节先生（1011—1077）。他是今河南省人。了解他的人认为，他虽然不像三国的诸葛孔明那样家喻户晓，但是，无论从才干和品德来讲，他都不亚于诸葛亮。只不过，因为长期隐居，名字不被后人知道而已。

他的宇宙发生论，虽与周敦颐的略有不同，也是由《周易》发展而来，也是利用图解说明他的理论。邵雍关于宇宙的理论，进一步阐明了关于十二主卦的理论。

他通透了《河图》《洛书》《伏羲八卦》等易学秘奥，并且融会贯通、妙悟自得，形成了自己一套完整独特的宇宙观，对于天地运化、阴阳消长的规律了如指掌。《宋史》记载，他对于“远而古今世变，微而走飞草木之性情”都能“深造曲畅”，通达不惑，而且“智虑绝人，遇事能前知”。

邵雍认为，在复卦初爻，世界就开始存在了。到了泰卦，世界上的个体事物就开始产生了。这时候人出现了，到了乾卦就达到文明的黄金时代。接着就是不断的毁坏过程，到了剥卦，一切个体事物都毁灭了；到了坤卦，整个世界都不在了。然后又在复卦初爻再现时开始了另一个世界，

你知道吗

无　极

无极即道，是比太极更加原始更加终极的状态，本来是老子用以指称道的终极性的概念，这是第一次出现无极的概念。无极指派生万物的本体，以其无味、无臭、无声、无色、无始、无终，无可指名，故曰无极。

又重复以上的全过程。每个世界的成毁各经历129600年。

邵雍的主要著作是《皇极经世》，这部书里有我们现存世界的详细年谱。照这部年谱所说，我们这个世界的黄金时代早已过去了。那是在尧的时代，即公元前24世纪。

第三个讲宇宙发生论的新儒家哲学家是张载，号横渠先生（1020—1077）。他是今陕西省人。他也是在《易传》基础上提出宇宙发生论，不过是从另一个观点提出的。在他的宇宙发生论里，特别强调“气”的观念，它在后来新儒家的宇宙发生论和形上学的理论中，越来越重要。

在新儒家的哲学中，“气”的意义有时候很抽象，有时候很具体，随着具体的哲学家们的不同系统而不同。当它的意义很抽象的时候，与柏拉图的“理念”和亚里士多德的“形式”相对应。它这个意义是指原始的混沌的质料，一切个体事物都由它形成。然而当它的意义很具体的时候，它是指物理的物质，一切存在的个体的物，都是用它造成的。张载说的“气”，是这种具体的意义。

张载，同前人一样，以《易传》的“易有太极，是生两仪”这句话为其宇宙发生论的基础。可是在他看来，太极不是别的，就是气。他的主要著作《正蒙》中写道：“太和所谓道（指太极），中涵浮沉、升降、动静相感之性，是生氤氲、相荡、胜负、屈伸之始。”

张载认为，“太虚无形，气之本体。”气有聚散而无生天，气聚则有形而见形成万物，气散则无形可见化为太虚。他认为宇宙是一个无始无终的过程，在这个过程中充满浮与沉、升与降、动与静等矛盾的对立运动。他还把事物的矛盾变化概括为“两与一”的关系，说：“两不立则一不可见，一不可见则两之用息。”认为两与一互相联系、互相依存，“有两则有一”，“若一则有两”。

张载还提倡“民胞物与”思想。他在《西铭》中说：“乾称父，坤称母……民，吾同胞；物，无与也。”乾坤是天地的代称，天地是万物和人的父母，天、地、人三者混合，处于宇宙之中，因为三者都是“气”聚而成的物，天地之性，就是人之性，因此人类是我的同胞，万物是我的朋友，万物与人的本性是一致的。他是理学创始人之一，曾这样剖明自己的心迹："为天地立心，为生民立命，为往圣继绝学，为万世开太平！"

◎两个学派的开端

程颢（1032—1085）与程颐（1033—1107）一起，创立了"天理"学说。程氏兄弟是今河南省人。程颢号明道先生，程颐号伊川先生。他们的父亲是周敦颐的朋友、张载的表兄弟。所以他们年少时受过周敦颐的教诲，后来又常与张载进行讨论。还有，他们住的地方离邵雍不远，时常会见他。这五位哲学家的亲密接触，确实是中国哲学史上的佳话。

程颐像

程颢曾说过："吾学虽有所受，'天理'二字却是自家体贴出来。" "理"因此成为二程哲学的核心，宋明理学也就从此得名。二程兄弟所谓的"理"，既是指自然的普遍法则，也是指人类社会的当然原则，它适用于自然、社会和一切具体事物。这就把儒家传统的"天人合一"思想，用"天人一理"的形式表达了出来，中国上古哲学中"天"所具有的本体地位，现在开始用"理"来代替了，这是二程对中国哲学的一大贡献。

在二程的哲学中，对孔子的"仁"学有新的发展。他认为，"大抵尽仁道，即是圣人"；又说："学者须知识仁，仁者浑然与物同体，义、礼、知、信皆仁也。"他把先秦儒家"仁学"所强调的爱人、博施济众、克己复礼等，进一步发展成为与"万物为一体"的境界，认为前者还只是仁的"用"（表现），后者才是仁的"体"（根本）。这一思想与张载的"民胞物与"思想有相通之处。

在修养方法方面，二程提出了“定性”的理论。所谓“定性”实际就是“定心”，即如何使人做到内心的安宁与平静。他认为，要使内心平静，不受来自外部事物的干扰，就应该虽接触事物，却不执着、留恋于任何事物，“内外两忘”，超越自我。这一“定性”的理论，是程颢发挥了孟子的“不动心”思想，也吸取了佛、道二教的心理修养经验后而成的。

基本小知识

克己复礼

儒家指约束自己，使每件事都归于“礼”，礼为西周之礼。克己复礼是达到仁的境界的修养方法。出自《论语·颜渊》：“颜渊问仁。子曰：‘克己复礼为仁。一日克己复礼，天下归仁焉！为仁由己，而由人乎哉？’”孔子在早年的政治追求中，一直以恢复周礼为己任，并把克己复礼称之为仁。

程颢和程颐的思想，人们一般统称为二程之学，实际上两人的思想还是有一定的区别。程颢比程颐更注重个人内心的体验。新儒家从他们开始分成两个主要的学派，弟弟程颐开创的学派，由朱熹（1130—1200）完成，称为程朱学派，或“理学”。哥哥程颢开创的另一个学派，由陆九渊（1139—1193）继续，王守仁（1472—1529）完成，称为陆王学派，或“心学”。

在二程的时代，还没有充分认识这两个学派不同的意义，但是到了朱熹和陆九渊，就开始了一场大论战。两个学派争论的主题，确实是一个带有根本重要性的哲学问题。用西方哲学的术语来说，这个问题是，自然界的规律是不是人心（或宇宙的心）创制的。这历来是柏拉图式的实在论与康德式的观念论争论的主题，简直可以说，形上学中争论的就是这个主题。这个问题若是解决了，其他一切问题都迎刃而解。

◎理　学

程颐死后22年，朱熹（1130—1200）出生于今福建省。这20年中，政局变化是严重的。宋代在文化上有卓越成就，可是在军事上始终不及汉、唐强大，经常受到北方、西北方外部部落的威胁。宋朝最大的灾难终于到来，首都（今开封市）陷于来自东北的通古斯部落的女真之手，被迫南渡，1127 年在江南重建朝廷。在此以前为北宋（960—1127），在此以后为南宋（1127—1279）。

朱熹，或称朱子，是一位精思、明辨、博学、多产的哲学家。光是他的语录就有 140 卷。到了朱熹，程朱学派或理学的哲学系统才达到顶峰。

这个学派的统治，虽然有几个时期遭到非议，特别是遭到陆王学派和清代某些学者的非议，但是它仍然是最有影响的独一的哲学系统，直到近几十年西方哲学传入之前仍然如此。

朱子作为孔子、孟子以来最杰出的弘扬儒学的大师，他的哲学思想十分丰富，概括地说，主要有以下几种：

◎理气论

朱熹继承周敦颐、二程，兼采释、道各家思想，形成了一个庞大的哲学体系。这一体系的核心范畴是“理”，或称“道”、“太极”。

朱熹所谓的理，有几方面互相联系的含义：一、理是先于自然现象和社会现象的形而上者。二、理是事物的规律。三、理是伦理道德的基本准则。朱熹又称理为太极，是天地万物之理的总体，即总万物的那个理。“太极只是一个理字”。太极既包括万物之理，万物便可分别体现整个太极。这便是人人有一太极，物物有一太极。每一个人和物都以抽象的理作为它存在的根据，每一个人和物都具有完整的理，即“理一”。

气是朱熹哲学体系中仅次于理的第二个范畴。它是形而下者，是有情、有状、有迹的；它具有凝聚、造作等特性。它是铸成万物的质料。天下万物都是理和质料相统一的产物。朱熹认为理和气的关系有主有次。理生气并寓于气中，理为主，为先，是第一性的；气为客，为后，属第二性。

◎动静观

朱熹主张理依气而生物，并从气展开了一分为二、动静不息的生物运动，这便是一气分作二气，动的是阳，静的是阴，又分作五气（金、木、水、火、土），散为万物。一分为二是从气分化为物过程中的重要运动形态。朱熹认为由对立统一，而使事物变化无穷。他探讨了事物的成因，把运动和静止看成是一个无限连续的过程。时空的无限性又说明了动静的无限性，动静又是不可分的。这表现了朱熹思想的辩证法观点。朱熹还认为动静不但相对峙、相排斥，并且相互统一。朱熹还论述了运动的相对稳定和显著变动这两种形态，他称之为“变”与“化”。他认为渐化中渗透着顿变，顿变中渗透着渐化。渐化积累，达到顿变。

◎格物致知论

朱熹用《大学》“致知在格物”的命题，探讨认识领域中的理论问题。在认识来源问题上，朱熹既讲人生而有知的先验论，也不否认见闻之知。他强调穷理离不得格物，即格物才能穷其理。朱熹探讨了知行关系。他认为知先行后，行重知轻。从知识来源上说，知在先；从社会效果上看，行为重。而且知行互发，“知之愈明，则行之愈笃；行之愈笃，则知之益明”。

◎心性理欲论

在人性论上，朱熹发挥了张载和程颐的天地之性与气质之性的观点，认为“天地之性”或“天命之性”专指理言，是至善的、完美无缺的；“气质之性”则以理与气杂而言，有善有不善，两者统一在人身上，缺一则“做人不得”。与“天命之性”和“气质之性”有联系的，还有“道心、人心”的理论。朱熹认为，“道心”出于天理或性命之正，本来便禀受得仁义礼智之心，发而为恻隐、羞恶、是非、辞让，则为善。“人心”出于形气之私，是指饥食渴饮之类。如是，虽圣人亦不能无人心。不过圣人不以人心为主，而以道心为主。他认为“道心”与“人心”的关系既矛盾又联结，“道心”需要通过“人心”来安顿，“道心”与“人心”还有主从关系，“人心”须听命于“道心”。朱熹从心性说出发，探讨了天理人欲问题。他以为人心有私欲，所以危殆；道心是天理，所以精微。因此朱熹提出了“遏人欲而存天理”的主张。朱熹承认人们正当的物质生活欲望，反对佛教笼统地倡导无欲，他反对超过延续生存条件的物质欲望。

◎心 学

陆王学派，也称“心学”，由程颢开创，由陆九渊、王守仁完成。陆九渊（1139—1193），人称象山先生，今江西省人。他与朱熹是朋友，但是他们的哲学思想在各方面都有分歧。他们围绕重大哲学问题，进行了口头的、书面的争论，引起当时人们的极大兴趣。

据说陆九渊、王守仁二人都亲自经验过顿悟，然后对于他们的思想的真理价值，坚信不疑。陆九渊有一天读古书至宇宙二字，解者曰:“四方上下曰宇，往古来今曰宙。”忽大省曰:“宇宙内事，乃已分内事；已分内事，乃宇宙内事。”又曰:“宇宙便是吾心，吾心即是宇宙。”

朱熹赞同程颐说的“性即理”，陆九渊的回答却是“心即理”。两句话只有一字之差，可是其中存在着两个学派的根本分歧。在朱熹的系统中，认为心是理的具体化，也是气的具体化，所以心与抽象的理不是一回事。于是朱熹就只能说性即理，而不能说心即理。但是在陆九渊的系统中，刚好相反，认为心即理，他以为在心、性之间作出区别，纯粹是文字上的区别。关于这样的文字上的区别，他说:“今之学者读书，只是解字，更不求血脉。且如情、性、心、才，都是一般物事，言偶不同耳。”

可是朱熹区别心与性，完全不是文字上的区别；从他的观点看来，实在的确存在着这样的区别。不过，朱熹所见的实在，与陆九渊所见的实在，迥不相同。在朱熹看来，实在有两个世界，一个是抽象的，一个是具体的。在陆九渊看来，实在只有一个世界，它就是心（个人的心）或“心”（宇宙的心）。

但是陆九渊的说法，只给予我们一个要略，说明心学的世界系统大概是什么。只有在王守仁的语录和著作中，才能看到这个系统的更详尽的阐述。

王守仁（1472—1529），今浙江省人，通常称他为阳明先生。他不只是杰出的哲学家，而且是有名的政治家。他早年热诚地信奉程朱。为了实行朱熹的教导，有一次他下决心穷竹子的理。他专心致志地“格”竹子这个“物”，格了七天七夜，什么也没有发现，人也累病了。他在极大的失望中不得不终于放弃这种尝试。后来，他被朝廷谪贬到中国西南山区的原始的生活环境里，有一夜他突然大悟。顿悟的结果，使他对《大学》的中心思想有了新的领会，根据这种领会他重新解释了这部书。就这样，他把心学的学说完成了，系统化了。

王守仁像

王守仁是我国宋明时期主观唯心主义集大成者。他发展了陆九渊的学说，用以对抗程朱学派。他说：“无善无恶者心之体，有善有恶者心之用，知善知恶者良知，为善去恶者格物。”并以此作为讲学的宗旨。他断言，“夫万事万物之理不外于吾心”，“心明便是天理”；否认心外有理、有事、有物。他用反求内心的修养方法，以达到所谓“万物一体”的境界。他的“知行合一”和“知行并进”说，旨在反对宋儒如程颐等“知先后行”以及各种割裂知行关系的说法。他论儿童教育，反对“鞭挞绳缚，若待拘囚”，主张“必使其趋向鼓舞，中心喜悦”以达到“自然日长日化”。他的学说以“反传统”的姿态出现，在明代中期以后，形成了阳明学派，影响很大。他广收门徒，遍及各地。死后，“王学”虽分成几个流派，但同出一宗，各见其长。他的哲学思想，远播海外，特别对日本学术界产生很大影响。日本大将东乡平八郎就有一块“一生伏首拜阳明”的腰牌。他的弟子与心学影响了很多人，如徐阶、张居正、海瑞、陶行知等名流。

快乐悦读——哲学知识

外国哲学流派

KUAILEYUEDU ZHEXUEZHISHI

西方哲学发源于古希腊时代，而古希腊时代的哲学包含着一切学问，是对知识与智慧的追求与热爱。随着时代的变迁，西方人对哲学有了不同的理解，哲学曾成为神学的附属。近代以来，哲学领域更发生巨大的变化，科学革命促使自然科学与哲学分离开来；其他学科，如社会学、逻辑学、伦理学、心理学等也都纷纷独立，脱离哲学的怀抱。最后，哲学成为人们专门探究世界最根本、最普遍规律的一门学科。从公元前 6 世纪的古希腊哲学到西方现代哲学的发展史，可分为四个时期：公元前 6—公元 5 世纪，称为古希腊哲学；公元 5—15 世纪，称为中世纪哲学；15 世纪中—19 世纪 40 年代，称为近代哲学；19 世纪 40 年代以来，称为现代哲学。

自然哲学

所谓自然哲学，就是指人类思考我们所面对的自然界而形成的哲学思想。它包括自然界和人的关系、人造自然和原生自然的关系、自然界的最基本规律等。

在古代，哲学与科学的分界并不是很明显。那时候，不仅自然科学包含在自然哲学里面，而且通常自然科学与自然哲学并无区分。在古希腊有许多哲学家本身也是自然科学家。

被誉为“西方哲学之父”的泰勒斯（约公元前624—公元前547）业余喜欢研究数学、天文学，他提出了西方哲学的第一个命题：水是万物的本原。

毕达哥拉斯是一位了不起的数学家，但他又是第一个自称为哲学家的人。他的一个著名哲学命题是：数是万物的起源。

毕达哥拉斯雕像

赫拉克利特是第一位系统探讨万物的运动变化的古希腊哲学家，因此他提出了一个著名的哲学命题：我们不能两次踏进同一条河流。

德谟克里特（约公元前460—公元前370）在哲学、物理、数学、天文、军事、艺术等许多方面都有所建树，是古希腊杰出的全才。他认为，万物的本原是原子和虚空。原子是不可再分的物质微粒，虚空是原子运动的场所。人们的认识是从事物中流射出来的原子形成的“影像”作用于人们的感官与心灵而产生的。

自然哲学是现代自然科学的前身，其中有不少理论，至今仍发射出智慧的光芒，它对现代科学特别是物理学的影响是非常深远的。

伦理哲学

在苏格拉底以前，希腊的哲学主要研究宇宙的本源是什么，世界是由什么构成的等问题，后人称之为“自然哲学”。苏格拉底认为再研究这些问题对拯救国家没有什么现实意义。出于对国家和人民命运的关心，他转而研究人类本身，即研究人类的伦理问题。后人称苏格拉底的哲学为“伦理哲学”。他为哲学研究开创了一个新的领域，使哲学“从天上回到了人间”，在哲学史上具有伟大的意义。

苏格拉底没有著作，他的两位弟子色诺芬和柏拉图，都给他写过卷帙浩繁的记述，但两人的记述非常不同。现在关于苏格拉底的思想绝大多数是来自他的弟子柏拉图的《对话录》。《对话录》是以苏格拉底和别人的对话为内容展开的，但很难分清哪些思想是苏格拉底的，哪些是柏拉图的。

苏格拉底的哲学思想主要体现在以下几个方面：

沉思中的苏格拉底

灵魂不灭说：苏格拉底关于灵魂的学说，进一步使精神和物质的分化更加明朗起来。苏格拉底以前的哲学家，早已有灵魂不灭的说法，已经有唯心主义和唯物主义对立的萌芽。但在他以前的哲学家对于灵魂的看法还比较模糊，有的还将灵魂看成是最精细的物质。因而，唯心主义和唯物主义的界限还不明确。到苏格拉底才明确地将灵魂看成是与物质有本质不同的精神实体。在苏格拉底看来，事物的产生与灭亡，不过是某种东西的聚合和分散。他将精神和物质这样明确对立起来，成为西方哲学史上唯心主义哲学的奠基人。

寻求事物的普遍定义：据亚里士多德记载，苏格拉底放弃了对自然世界的研究，想在伦理问题上求得普遍真理，开始为事物寻求定义。他反对智者们的相对主义，认为“意见”可以有各种各样，“真理”却只能有一个。苏格拉底所追求的，是要求认识“美自身”、“正义自身”，这是美和正义的普遍定义，是真正的知识。苏格拉底认为事物的最终原因是“善”，这就是事物的目的性。他以目的论代替了对事物因果关系的研究，为以后的唯心主义哲学开辟了道路。

助产术和揭露矛盾的辩证法：苏格拉底认为一切知识，均从疑难中产生，愈求进步疑难愈多，疑难愈多进步愈大。苏格拉底承认他自己本来没有知识，而他又要教授别人知识。这个矛盾，他是这样解决的：这些知识并不是由他灌输给人的，而是人们原来已经具有的；人们已在心上怀了“胎”，不过自己还不知道，苏格拉底像一个“助产婆”，帮助别人产生知识。苏格拉底的助产术，集中表现在他经常采用的“诘问式”的形式中，以提问的方式揭露对方提出的各种问题中的矛盾，使对方逐渐了解自己的无知，而发现自己的错误，从而建立正确的知识观念；在诘问中，苏格拉底自己并不给予正面的、积极的回答，因为他承认自己无知。苏格拉底的这种方法，在西方哲学史上，是最早的辩证法的形式。

基本小知识

辩 证 法

辩证法是关于事物矛盾的运动、发展、变化的一般规律的哲学学说，它是和形而上学相对立的世界观和方法论，认为事物处在不断运动、变化和发展之中，是由于事物内部的矛盾斗争所引起的。

伦理学说，苏格拉底建立了一种知识即道德的伦理思想体系，其中心是探讨人生的目的和善德。他强调人们应该认识社会生活的普遍法则和“认识自己”，认为人们在现实生活中获得的各种有益的或有害的目的和道德规范都是相对的，只有探求普遍的、绝对的善的概念，把握概念的真知识，才是人们最高的生活目的和至善的美德。苏格拉底认为，一个人要有道德就必须有道德的知识，一切不道德的行为都是无知的结果。人们只有摆脱物欲的诱惑和后天经验的局限，获得概念的知识，才会有智慧、勇敢、节制和正义等美德。

客观唯心主义

柏拉图哲学的本体论被称为“客观唯心主义”，他是西方客观唯心主义的奠基人。

它以理念论为中心，包括宇宙论方面的宇宙生成说，认识论方面的回忆说，伦理观与社会政治观方面的四主德与理想国的学说，美学方面的摹本说，探求理念体系的概念辩证法以及教育学说等。他的学说是欧洲哲学史上第一个庞大的客观唯心主义体系，对后世西方哲学的影响极大。

知识小链接

客观唯心主义

客观唯心主义是唯心主义哲学的两种基本形式中的一种。客观唯心主义认为某种客观的精神或原则是先于物质世界并独立于物质世界而存在的本体，而物质世界（或现象世界）则不过是这种客观精神或原则的外化或表现，前者是本原的、第一性的，后者是派生的、第二性的。

柏拉图认为世界由“理念世界”和“现象世界”所组成。理念的世界是真实的存在，而人类感官所接触到的这个现实的世界，只不过是理念世界的微弱的影子，它由现象所组成，而每种现象是因时空等因素而表现出暂时变动等特征。由此出发，柏拉图提出了一种理念论和回忆说的认识论，并将它作为其教学理论的哲学基础。

柏拉图像

柏拉图认为，自然界中有形的东西是流动的，但是构成这些有形物质的“形式”或“理念”却是永恒不变的。关于“理念论”他有这样一个解说，当我们说到“马”时，我们没有指任何一匹马，而是称任何一种马。而“马”的含义本身独立于各种马，它不存在于空间和时间中，因此是永恒的。但是某一匹特定的、有形的、存在于感官世界的马，却是“流动”的，会死亡。

柏拉图认为，我们对那些变换的、流动的事物不可能有真正的认识，我们对它们只有意见或看法，我们唯一能够真正了解的，只有那些我们能够运用我们的理智来了解的“形式”或者“理念”。因此柏拉图认为，知识是固定的和肯定的，不可能有错误的知识，但是意见是有可能错误的。

柏拉图认为人的一切知识都是由天赋而来，它以潜在的方式存在于人的灵魂之中。因此认识不是对世界物质的感受，而是对理念世界的回忆。教学目的是为了恢复人的固有知识，教学过程即是“回忆”理念的过程。

拓展阅读

柏拉图式爱情

柏拉图式爱情是一种理想式的爱情观，极为浪漫或根本无法实现的爱情观。主张追求心灵沟通，排斥肉欲，追求理性的精神上的纯洁恋爱。站在爱人的身边，静静地付出，默默地守候。不奢望走近，也不祈求拥有；即便知道根本不会有结果，也仍然执着不悔。也许这种不求回报注定了一个悲剧的结局。

犬儒主义

犬儒主义是古希腊的一个哲学流派，创始人是苏格拉底的弟子安提西尼，代表人物是狄奥根尼。“犬儒”这个名词的由来有两种解释：一说安提西尼曾经在一个称为“快犬”的运动场演讲；一说该学派的人生活俭朴，像狗一样地存在，被当时其他学派的人称为“犬”。

犬儒主义者主张清心寡欲，鄙弃俗世的荣华富贵，提倡回归自然。他们认为，人要摆脱世俗的利益而追求唯一值得拥有的善。他们相信，真正的幸福并不是建立在稍纵即逝的外部环境的优势。每个人都可以获得幸福，而且一旦拥有，就绝对不会再失去。人无须担心自己的健康，也不必担心别人的痛苦。

据说狄奥根尼住在一个桶里，他像一个印度托钵僧那样以行乞为生。他宣扬友爱，不仅仅是全人类之间的友爱，而且还有人与动物之间的友爱。据说马其顿国王亚历山大曾拜访过他，并问他想要什么恩赐。他回答说："只要你别挡住我的阳光。"狄奥根尼是一个激烈的社会批评家。他立志要揭穿世间的一切伪善，热烈地追求真正的德行，追求从物欲之下解放出来的心灵自由。狄奥根尼确实愤世嫉俗，他曾经提着一个灯笼在城里游走，说："我在找一个真正诚实的人。"

住在桶里的狄奥根尼

随着犬儒理念的流行，犬儒主义的内涵发生了微妙的根本变化。早期的犬儒主义者是根据自身的道德原则去蔑视世俗的观念；后期的犬儒主义者依旧蔑视世俗的观念，但是却丧失赖为准绳的道德原则。于是愤世嫉俗就变成了玩世不恭。

说来颇具讽刺意味，早期的犬儒是坚持内在的美德和价值，鄙视外在的世俗的功利。可是到后来，犬儒一词正好变

趣味点击 狄奥根尼的逸事

亚历山大相貌英俊，眼光炯炯有神，一副强健的身躯，披着带金的紫色斗篷。他穿过两边闪开的人群走向"狗窝"。他走近的时候，所有的人都肃然起敬。狄奥根尼只是一肘支着坐起来，一声不吭。一阵沉默。亚历山大先开口致以和蔼的问候，打量着那可怜的破桶，孤单的烂衫，还有躺在地上那个粗陋邋遢的形象，他说："狄奥根尼，我能帮你忙吗？""能，""狗"说，"站到一边去，你挡住了阳光。"

成了它的反面：只认外在的世俗的功利，否认内在的德性与价值。到现代，“犬儒主义”这一词在西方则带有贬义，意指对人类真诚的不信任，对他人的痛苦无动于衷的态度和行为。

教父哲学

教父哲学，2—5 世纪早期基督教为其教义辩护的一种宗教唯心主义思想体系。它是由护教者根据《圣经》，利用古希腊古罗马哲学特别是新柏拉图学派的学说建立起来的。所谓教父，是那些既宣讲又著作的护教者，他们对制定和论证基督教教义做出了贡献，教父哲学因此而得名。教父哲学本质上是宣扬以神为出发点和终结点的宗教唯心主义世界观和人生观。

奥古斯丁像

你知道吗

三位一体

“三位一体”常用来比喻三个人、三件事或三个方面联成的一个紧密不可分的整体，常与“三合一”、“一变三”等词语混淆，前者如印度教的梵天、毗湿奴、湿婆与梵的关系，后者如道教的一气化三清。在基督教中，把圣父、圣子、圣灵称为三位一体，也就是三个位格、一个本体；本体又称为本原、本质等。

教父哲学的代表人物主要分为希腊和拉丁两大派：教父哲学的创始者查士丁、克莱门、奥里根等，出生在东方并用希腊文著作，故称东方希腊教父。他们最早意识到哲学的作用，把哲学作为为基督教教义辩护的工具。他们推崇柏拉图，称他为神派遣的先知。另一派的代表人物有德尔图良、奥古斯丁、格雷高里等。他们生长在西方并用拉丁文宣讲和著书，故称西方拉丁教父。他们对古希腊哲学作了明确的选择，主要把新柏拉图主义塞进基督教教义中，使哲学和神学混为一体。他们是教父哲学的组织者。奥古斯丁则是最后的完成者，他把教父哲学推向了全盛时期。

教父哲学主要是以哲学论证神、三位一体、创世、原罪、救赎、预定、天国等教义。教父们根据柏拉图的理念论提出了神真实存在的论断，认为肯定一个判断的真或假，不在于主观意识，而在于依据客观真理。判断这一事实本身证明了真理世界的存在。同时，变化不定的感性世界这一现象本身也表明它所依据的永恒不变的精神世界的实在性，感性世界的存在无疑是渊源于精神世界的实在性。所以，真理的精神世界必然存在，而且必须首先独立存在和永恒存在。无论人们掌握与否，都无法予以否定。这真理的精神世界就是神。

经院哲学

经院哲学是与宗教神学相结合的唯心主义哲学，属于欧洲中世纪特有的哲学形态，是天主教教会用来训练神职人员，在其所设经院中教授的理论。它经历了9—12世纪的积累时期、13世纪的古典时期、14—17世纪的后期。积累时期主要受柏拉图思想影响，古典时期主要受亚里士多德思想影响。

知识小链接

天主教

天主教是基督宗教的主要宗派之一，又称公教，自明朝时就沿用的名称“天主教”，已成为正式的中文代名词。在基督宗教的所有公教会之中，罗马公教会（罗马天主教会）的会众最为庞大，全世界人数有11.3亿，占世界总人口17%，因此“公教会”（天主教会）一词往往指的是“与罗马教宗共融的天主教会”，目前天主教会也是所有基督宗教的教会中最为庞大的教会。

经院哲学反对离开教义而依靠理性和实践去认识和研究现实。因而其结论也不受经验和实践的检验。它的主要任务是对天主教教义、教条进行论证，以神灵、天使和天国中的事物为对象。他们经常争论一些奇怪的问题，如："天堂里的玫瑰花有没有刺?""上帝能否制造出自己举不起来的石头?""一根针尖上能站多少天使?"

托马斯·阿奎纳像

经院哲学运用理性形式通过抽象而烦琐的辩证方法论证基督教信仰。经院哲学家围绕着共相与个别、信仰与理性的关系展开了长期的斗争，形成了"唯实论"和"唯名论"两个派别。唯实论是正统经院哲学，是官方教会用以维护正宗神学、教会的最高统治地位和封建秩序的理论基础。作为非正统派的唯名论主张自由争论基督教的思想体系，反对教权至上，政治上倾向王权。当时城市市民的异端运动、自由思想运动和新兴工商业阶层发展实验科学是同唯名论思潮有联系的。因此，唯名论同唯实论的斗争具有重要的社会意义。

拓展阅读

基督教神学

系统阐释基督教信仰的宗教学科。根据研究内容的侧重分为教义神学、历史神学、实用神学、道德神学、圣经神学等。教义神学将各项教义作为相互关联的体系来进行阐述，故又称系统神学，系统神学常借用某些哲学范畴来对教义体系进行解说。历史神学包括神学史、教会史、圣经史、教父学等。实用神学包括教牧学、崇拜学、教政学、宣道法等。道德神学即基督教伦理学。圣经神学包括旧约神学、新约神学等。

经院哲学的集大成者是托马斯·阿奎纳，他是意大利人，属经院哲学唯实论者，由于他著述甚广，有"天使博士"、"神学之王”之称。他说，如果知识不以论证上帝为目的，则任何知识都是罪恶。他创立的“宇宙秩序论”认为，宇宙秩序是上帝按等级体系进行安排的。他鼓吹教皇是上帝在人间的代表，位于世俗君主之上，而封建等级的划分是上帝的安排。他的神学著作成为基督教神学的典范，其权威仅次于《圣经》。

随着近代自然科学的发展，欧洲的社会生产力以前所未有的速度发展，最后直接导致长期统治欧洲中世纪的经院哲学彻底瓦解。

理性主义

理性主义，一般认为随着笛卡儿的理论而产生，17—18 世纪主要在欧洲得以传播。它是建立在承认人的推理可以作为知识来源的理论基础之上的一种哲学方法。它关注的是人类的知识来源以及证实我们所知的一种手段。同时代相对的另一种哲学方法被称为经验主义。

笛卡儿像

广角镜

笛卡儿的哲学思想

笛卡儿被广泛认为是西方现代哲学的奠基人，他第一个创立了一套完整的哲学体系。哲学上，笛卡儿是一个二元论者以及理性主义者。笛卡儿认为，人类应该可以使用数学的方法——也就是理性——来进行哲学思考。他相信，理性比感官的感受更可靠。

理性主义和经验主义的区别在当时并没有被哲学家予以区分，而是后代进行了区分。事实上，有时两者之间的区分并不像人们所说的那么显著。三位主要的理性主义者笛卡儿、斯宾诺莎和莱布尼茨都认同经验科学的重要性。

理性主义者认为，人类首先本能地掌握一些基本原则，如几何法则，随后可以依据这些推理出其余知识。笛卡儿的理论相对来说更接近柏拉图，他认为只有一些永恒真理（包括数学以及科学的认知及形而上学基础）可以单纯靠推理得到，其余的知识需要借助生活经验以及必要的科学手段。更准确地说笛卡儿是一位重视形而上学的理性主义者，是一位重视科学的经验主义者。

现在理性主义者表达了一种人类行为应该由理性所支配的观点，这种观点被理性主义者以及类似的经验主义者所普遍认同。

经验主义

经验主义诞生于古希腊，作为一个认识论的概念，经验一词主要指与理性认识相区别的一个认识阶段、认识形式，即感性认识。从恩培多克勒开始，经验主义学说渐渐兴起。

经验主义怀疑理性所依赖的先天印象，认为它们纯属想象出来的幻象，并力图表明，正是观察才引起了知识。针对理性主义者放弃感性经验的主张，经验主义者声称唯有观察和感觉是唯一有效的知识源泉；事实上，人的感觉经验能够发现和揭示真理。由此，便推动了经验主义研究感知系统。这也是心理学的开端。

拓展阅读

培根简介

培根（1561—1626），英国文艺复兴时期最重要的作家、哲学家。他不但在文学、哲学上多有建树，在自然科学领域里也取得了巨大成就。培根是一位经历了诸多磨难的贵族子弟，复杂多变的生活经历丰富了他的阅历，随之而来的，他的思想成熟，言论深邃，富含哲理。他的整个世界观是现世的而不是宗教的。他是一位理性主义者而不是迷信的崇拜者，是一位经验论者而不是诡辩学者。在政治上，他是一位现实主义者而不是理论家。

纵观经验主义的发展历史，基本上可以区分为两类学派：温和的经验主义与激进的经验主义。前者认为，所有的意识观念均来源于知觉，但同时也承认意识的机能（诸如记忆、想象和语言的官能）是内在的能力；后者则公开宣称不仅意念的内容，而且意念的整个过程都不可能存在内部能力，而只能是习得的。

洛克像

自16世纪起，经验主义与理性主义的争论以一种温和的方式再次爆发。培根依据实验科学，强调感性经验在认识中的作用。同时，他并没有把人的认识局限在感性经验上，而是承认了理性认识的必要性。他认为只有把感性和理性结合起来，运用科学实验和客观分析，才能克服认识上的混乱，推动知识的进步。继培根之后，洛克竭力肯定了经验主义的原则。洛克在他的《人类理解论》一书中说："我们的全部知识都是建立在经验上面的，知识归根到底都是导源于经验的。"作为经验主义集大成者，洛克完成了经验主义认识论的体系，从而与理性主义展开了长期的不屈不挠的对抗。

知识小链接

洛克的哲学思想

洛克是不列颠经验主义的开创者，虽然他本人并没有完全贯彻这种哲学思想。洛克认为人类所有的思想和观念都来自或反映了人类的感官经验。他抛弃了笛卡儿等人的天赋观念说，而认为人的心灵开始时就像一张白纸，而向它提供精神内容的是经验（即他所谓的观念）。观念分为两种：感觉的观念和反省的观念。感觉来源于感官感受外部世界，而反省则来自于心灵观察本身。

古典哲学

18 世纪末至 19 世纪上半叶的德国资产阶级哲学。创始人为康德，黑格尔为集大成者，费尔巴哈为最后的代表。德国古典哲学的主要成就是黑格尔辩证法中的“合理内核”与费尔巴哈唯物主义的“基本内核”。

德国古典哲学是工业革命时期欧洲哲学舞台上的主角。它提出了包括认识论、本体论、伦理学、美学、法哲学、历史哲学以及政治哲学等领域的各种重大问题和范畴，标志着近代西方哲学向现代西方哲学的过渡。

黑格尔像

它经历了从唯心主义到唯物主义两个发展阶段。康德建立了实质上是先验唯心主义的调和矛盾的哲学体系和不可知论。费希特从唯心主义立场上继承和批判了康德，建立了彻底的主观唯心主义哲学。谢林改造了费希特的主观唯心主义，建立了客观唯心主义的“同一哲学”。黑格尔是德国古典唯心主义的集大成者。他在批判继承前辈哲学家的基础上，创建了庞大的客观唯心主义体系。

趣味点击　黑格尔的趣事

1830 年革命结束后，黑格尔欢欣鼓舞地度过了生命中的最后时光，然而就在那些愉快的岁月里，黑格尔迅速地衰老了，他变得像故事中的天才那样心不在焉。有一次，他只穿了一只鞋，光着一只脚板走进教室，另一只鞋不知什么时候陷在烂泥中，而他竟然没有察觉到。看到他的学生们把那只丢失的鞋找回来后，他拍着自己的脑袋说：“我是越来越糊涂了！”

费尔巴哈从人本主义出发，批判了宗教神学和黑格尔的唯心主义，唯物主义解决了哲学的基本问题，建立了人本学唯物主义。

德国古典哲学的最大成就，是从世界观的高度用辩证法代替了形而上学。德国古典唯心主义哲学家反对把世界看作固定不变、没有矛盾的东西，而把它理解为具有矛盾发展的不断变化的运动过程，这就从根本上推翻了长期以来统治人们头脑的形而上学世界观。

德国古典哲学的巨大历史意义在于它为马克思主义的产生提供了理论前提，成为马克思主义的理论来源之一。德国古典哲学对以后资产阶级哲学思想的发展也有很大影响，但西方哲学家完全不能正确地分辨德国古典哲学中的精华和糟粕。他们曲解或根本抛弃辩证法，着重发挥了德国古典哲学家的唯心主义、不可知论以及一切神秘和保守的思想。

功利主义

功利主义是指以超阶级的功利作为人们行为标准的资产阶级哲学思想。由18世纪末英国哲学家、经济学家边沁创立。

边沁像

边沁的功利原理有两个出发点和前提：一、功利原理或最大幸福原理；二、自利选择原理。关于功利原理，边沁认为，人们一切行为的准则取决于是增进幸福抑或减少幸福的倾向。不仅私人行为受这一原理支配，政府的一切措施也要据此行事。按照边沁的看法，社会是由各个人构成的团体，其中每个人可以看作是组成社会的一分子。社会全体的幸福是组成此社会的个人的幸福的总和。社会的幸福是以最大多数人的最大幸福来衡量的。如果增加社会的利益即最大多数人的最大幸福的倾向比减少的倾向大，这就适合于功利原理。边沁把功利原理应用于经济学，各种经济制度和经济政策恰当与否以功利原理作为权衡标准。

所谓自利选择原理，按边沁的说法是：什么是快乐、什么是痛苦，每个人自己知道得最清楚，所以什么是幸福也是各个人所知道的。每个人在原则上是他自身幸福的最好判断者。同时，各个人追求一己的最大幸福，是具有理性的一切人的目的。在人类社会生活中，自利的选择占着支配地位。当人们进行各种活动的时候，凡是对自己的最大幸福能有最高的贡献，不管对自己以外的全体幸福会带来什么样的结果，他都会全力追求，这是人性的一种必然倾向。

边沁以所谓功利原理和自利选择原理为依据，在经济方面鼓吹自由放任主义。他认为，在经济活动中应以个人的活动自由为原则，国家应为之事，只限于保护个人活动的自由和保护私有财产的安全，除此之外，不应作任何干涉。按照边沁的解释，在经济上实行自由放任，生产上将会得到最大量，分配上将更趋于平等，从而使幸福也达到最大量。如果私有财产安全与平等不能两立，就必须放弃平等，而维护私有财产的安全。

趣味点击

边沁简介

边沁（1748—1832），英国的法理学家、功利主义哲学家、经济学家和社会改革者。他是一个政治上的激进分子，亦是英国法律改革运动的先驱和领袖，并以功利主义哲学的创立者、一位动物权利的宣扬者及自然权利的反对者而闻名于世，他还对社会福利制度的发展有重大的贡献。

边沁的功利主义思想深深影响当时和以后英国及欧洲大陆上许多经济学家，对西方经济学研究产生过很大影响。

实用主义

实用主义是产生于19世纪70年代的现代哲学派别，在20世纪的美国成为一种主流思潮并且蔓延到欧洲大陆。创始人是皮尔士，将其推向大众的是詹姆士，而将这种哲学思想推广到更广阔领域的是杜威。

杜威像

实用主义者忠于事实，但没有反对神学的观点，如果神学的某些观念证明对具体的生活确有价值，就承认它是真实的。将哲学从抽象的辩论上，降格到更个性主义的地方，但仍然可以保留宗教信仰。承认达尔文，又承认宗教，但不承认是二元论，既唯物，又唯心，认为自己是多元论的。

实用主义的主要论点是：强调知识是控制现实的工具，现实是可以改变的；强调实际经验是最重要的，原则和推理是次要的；信仰和观念是否真实在于它们是否能带来实际效果；人对现实的解释，完全取决于现实对他的利益有什么效果。

在实用主义大旗下派生的分支有“人本主义”、“工具主义”、“逻辑经验主义”、“神奇学派”、“逻辑学派”等。意大利的墨索里尼将实用主义哲学家奉为良师，他声称从这些人的学说中发现了“行动的信心，生活和

你知道吗

墨索里尼

意大利政治家、独裁者，法西斯主义的创始人。1922年至1943年期间任意大利王国首相。1925年获“领袖”称号，1925年1月至1943年7月25日间实施独裁统治，1945年4月28日死于意大利科摩省的当戈。

战斗的坚强意志，而法西斯的成功大部分得力于此”。

现在虽然已经不再是一种运动了，但仍然是一种非常有影响力的思想体系，它把哲学从一种人生观的思想体系降为一种研究问题和澄清信息的批判方法，把知识解释为一种评价过程，以科学探索的逻辑作为人们处世待物的行为准则。它对法律、政治、教育、社会、宗教和艺术的研究产生了很大的影响。

知识小链接

工具主义

广义地说工具主义是杜威实用主义哲学的别称；狭义地说工具主义指关于认识和真理的理论，其基本观点是认为思想、观念、理论是人的行为的工具，它们的真理性的标准在于能否指引人们的行动取得成功。

实证主义

实证主义的创始人是法国哲学家、社会学始祖孔德，主要代表人物有英国的穆勒和斯宾塞。它产生的时间是19世纪30至40年代的法国和英国。它强调感觉经验，排斥形而上学传统的西方哲学派别。

实证主义的基本特征：将哲学的任务归结为现象研究，以现象论观点为出发点，拒绝通过理性把握感觉材料，认为通过对现象的归纳就可以得到科学定律。它把处理哲学与科学的关系作为

拓展阅读

孔德简介

法国著名的哲学家，社会学、实证主义的创始人。在其著作中正式提出“社会学”这一名称并建立起社会学的框架和构想。整个19世纪，值得一提的法国社会学家屈指可数，但作为实证主义的创始人，社会学之父的孔德却当之无愧。他创立的实证主义学说是西方哲学由近代转入现代的重要标志之一。

其理论的中心问题，并力图将哲学溶解于科学之中。其中心论点是：事实必须是通过观察或感觉经验，去认识每个人身处的客观环境和外在事物。实证论者认为，虽然每个人接受的教育不同，但他们用来验证感觉经验的原则，并无太大差异。实证主义的目的，在希望建立知识的客观性。

实证主义不仅对哲学，而且对整个社会科学均产生了深刻影响，孔德所创立的实证主义社会学，在其后的一个半世纪是西方社会学的主流。

人本主义

人本主义，通常指人本学唯物主义，是一种把人生物化的形而上学唯物主义学说。以19世纪德国的费尔巴哈和俄国的车尔尼雪夫斯基为代表。费尔巴哈由于把庸俗唯物主义同一般的唯物主义混为一谈，避免采用甚至反对“唯物主义”这个术语，因而将自己的哲学称作“人本主义”。车尔尼雪夫斯基也将他的唯物主义学说称作“人本主义”，并把他的哲学著作命名为《哲学中的人本主义原理》。他们都反对把灵魂和肉体分割为两个独立的实体，反对把灵魂看作第一性的唯心主义观点。但他们所了解的人，只是生物学意义上的自然人，只是抽象的、一般的人，而不是社会的人。他们不是联系具体历史、联系社会实践来考察人，因而看不到人的社会性。

费尔巴哈像

人本主义的五类起源：首先，在历史上人本主义是14世纪下半

胡塞尔

胡塞尔是20世纪最有影响的哲学家之一，海德格尔、萨特、梅洛－庞蒂、伽尔玛和德里达的出发点都是对胡塞尔哲学的反思。胡塞尔和康德一样是书斋里的哲学家，一生都在纯思想领域做艰辛的探索。

期发源于意大利并传播到欧洲其他国家的哲学和文学运动，它构成现代西方文化的一个要素。人本主义也指承认人的价值和尊严，把人看作万物的尺度，或以人性、人的有限性和人的利益为主题的任何哲学。其次，作为“主体哲学”或“意识哲学”的一派，胡塞尔现象学也可以被称为人本主义。他同康德一样以自我为出发点，力求为科学知识奠立基础。第三，来源于现象学的“哲学人类学”的舍勒的反形式主义价值哲学强调人格是道德行动的中心，似乎同人本主义一致。但人格主义并不令人成为善和恶的尺度。流行于美国的人格主义或精神主义通常也被叫作人本主义。第四，我们在萨特的存在主义哲学中找到了真正的、完全的人本主义。他的著作《有和无》是把现象学、存在哲学和人本主义熔于一炉的集中体现，是人本主义充分发展的表现。第五，德国哲学家狄尔泰及其后继者的方法论解释学强调社会、人文科学要求对人本或社会历史现象的理解，和自然科学采用一般规律来说明所研究现象显然不同。在整个哲学领域内，早期解释学可以说属于人本主义范畴，是同科学主义对立的。

意志主义

意志主义是现代西方人本主义哲学的开创性流派。叔本华1819年出版的《作为意志和表象的世界》标志着意志主义哲学的产生，它流行于19世纪下半叶和20世纪初的德、法、英和北欧等国。主要代表人物是德国的叔本华和尼采。

叔本华的生存意志和悲观主义迎合德国资产阶级1848年革命失败后的悲观、懊恼情绪，为意志主义哲学奠定了理论基调，

拓展思考

尼采的超人哲学

尼采所宣称的“超人”是在他宣称“上帝死了，要对一切传统道德文化进行重估”的基础之上，用新的世界观、人生观构建新的价值体系的人。超人具有不同于传统的和流行的道德的一种全新的道德，是最能体现生命意志的人，是最具有旺盛创造力的人，是生活中的强者。

尼采的权力意志论和超人哲学反映了19世纪下半叶德国向帝国主义过渡时期资产阶级强暴、坚忍、狂妄的特征。

叔本华

作为非理性主义思潮最初的理论形态，意志主义哲学的理论形态各有差异，但其基本观点大体一致，主要有以下几点：第一，把意志看作世界的本体和万物的根源，世界是意志的创造品。意志主义者把意志看作脱离物质世界而真实存在的精神性的东西，认为世界就是我的意志；同时把意志看作世界的本质，用意志去解释自然、社会和人类精神的各种现象的存在和变化。第二，把意志看作理性的主宰，贬低理性的作用，贬低逻辑和科学的价值。认为意志是人的实体，是人的真实本质，是认识的主体和客体；宣称意志支配理性，理性屈从意志，理性是意志的工具；只有本能和直觉才把握实在。第三，叔本华极力宣扬悲观主义的人生哲学，否定人生的意义；他认为由于人的欲壑难填，所以人生充满痛苦，人生不过是一场悲剧。第四，尼采提出重估人类一切价值，主张“超人”主宰世界、决定历史发展。

总之，意志主义的产生，标志着资产阶级哲学从理性主义转向非理性主义，从乐观主义转向悲观主义，从道德主义转向非道德主义，从以上帝为中心转向以个人为中心。

生命哲学

生命哲学是一种试图用生命的发生和发展来解释宇宙，甚至解释知识或经验基础的唯心主义思潮。19世纪末至20世纪初流行于德、法等国。它是在叔本华的生存意志论、尼采的权力意志论、达尔文的生物进化论和斯宾塞的生命进化学说等的影响下形成的。

德国哲学家狄尔泰最早用“生命哲学”一词来表示他的哲学，主张精神生活哲学的德国哲学家奥伊肯也是这种思潮的主要代表人物。新康德主义者如文德尔班、李凯尔特等人，严格区分了自然科学与价值论（或文化哲学、精神科学），也对生命哲学的发展给予有力的推动。20 世纪初，德国杜里舒的生机主义，法国柏格森的创化论，则试图从生命的进化或生物学的立场，为生命哲学建立自然科学的基础。

柏格森像

生命哲学是对 19 世纪中期的黑格尔主义和自然主义或唯物主义的一种反抗。生命哲学家不满意黑格尔所主张的严酷的理性，不满意自然主义或唯物主义所依据的因果决定论，认为这些思想是对个性、人格和自由的否定。他们要从“生命”出发去讲宇宙人生，用意志、情感和所谓“实践”或“活动”充实理性的作用。他们声明自己并不反对自然科学和理性，只说这些经验或知识不完全，必须提高意志、情感的地位，才能穷尽“生命”的本质。但他们夸大生命现象的意义，把生命解释为某种神秘的心理体验，从而使这种观点带有浓厚的主观唯心主义特色。

生命哲学的核心思想是“竞争”，即进化论描述的“自然选择”和“优胜劣汰”。竞争是生命的发生和发展动力。从一个精子挑战亿万个情敌，拼死夺得与卵子结合的机会而诞生生命，到物种建立自己的势力和家族而繁衍后代的现象；从一个种群以其优势存活，到遍布世界，到因其劣势而灭亡的发展过程——这些生命科学现象，是生命哲学依赖的科学基础。

生命哲学的“竞争论”归纳为，生命以其竞争优势得以存在，生命的发生和发展是一个竞争过程。其在人文水平上升华为，人类社会在生产力优势作用下得到演进，其发展过程是一个斗争和变革的过程——这与历史唯物主义观不谋而合。其在天文学水平上可表述为，宇宙体系有始有终，星体和星系的存在与发展是一个交流和争夺宇宙物质的过程。

知识小链接

柏格森简介

法国哲学家，文笔优美，思想富于吸引力，曾获诺贝尔文学奖。1927 年，“为了表彰其丰富而生气勃勃的思想和表述的卓越技巧”，他被授予诺贝尔文学奖。瑞典学院高度评价了柏格森的生命哲学在批判传统哲学的理性主义机械论和决定论，解放人类思想方面的巨大意义，认为《创造的进化》是“他亲身穿过理性主义的华盖，开辟了一条通路。由此通路，柏格森打开了大门，解放了具有无比效力的创造推进力……向理想主义敞开了广阔无边的空间领域”。

唯物主义的生命哲学是一门讲述生命和生命体系（如人类社会、宇宙星系）发生发展过程的哲学，生命以其优势在竞争中存在和繁衍，提醒人们通过不断提升自身和集体的优势在竞争中取得成功，改造生活，改造世界。

同时，生命哲学解释了大自然对人类的“讨伐”：人类在自己造就的环境中失去了生存优势，变得不适应，而在“优胜劣汰”中存在灭绝的危机。显然，人类也是生物，人类要在生物适宜的环境中才有生存优势。保护地球生态环境，也是保护我们自己。

由于科学技术的发展，从基因水平更得以看透生命的本质，充实生命哲学观。生命竞争优势源于基因，基因的表达和遗传造就了生命个体的竞争本性。对于生命而言，竞争终归是不可避免的。缺少竞争优势的个体将被其他个体所挤压排斥，缺少竞争优势的种群也将被优势种群吞灭。竞争性对于人类种群来说存在两个极端：个体欲望与集体道德，两者源于基因，在自然环境下均不可排除。欲望与道德的竞争是人类社会永恒的话题。

生命哲学，总结的是生命发生和发展的一般规律，其他教导人们认识环境的“残酷”而通过改进自身去适应和改造世界，是理性而客观的唯物主义哲学。

存在主义

存在主义，最早是由法国的马塞尔提出的。存在主义是一个很广泛的哲学流派，主要包括有神论的存在主义、无神论的存在主义和存在主义的马克思主义三大类。代表人物有克尔凯郭尔、萨特、加缪、波伏瓦等。存在主义在二战后（约1945—1955），成为西方思想界的主流学说，其后则逐渐冷淡，但它对后现代主义等思潮的影响还在持续。

存在主义以人为中心，尊重人的个性和自由，认为人是在无意义的宇宙中生活，人的存在本身也没有意义，但人可以在存在的基础上自我造就，活得精彩。

萨特像

“存在先于本质”的命题首见于萨特所著的《存在与虚无》。他的意思是说，除了人的生存之外没有天经地义的道德或体外的灵魂。道德和灵魂都是人在生存中创造出来的。人没有义务遵守某个道德标准或宗教信仰，却有选择的自由。评价一个人，要评价他的所作所为，而不是评价他是个什么人物，因为一个人是由他的行动来定义的。

在萨特看来，他人乃是一个存在的客体，这种客体不同于物，他不但存在着，而且还对我构成了威胁。在他的“目光下”，他可能把我变成物。在这种情况下，一个人要从他人的目光或他人的地狱中解脱出来，只能有两种途径：或者心甘情愿地做别人的物，或者使他人做自己的物，去操纵他人。所以又诞生了另一个重要哲学命题：他人即地狱。

存在主义对人的生存的孤独性、虚无性及不确定性的强调，从批判现代性、解构主体性、颠覆客观性等方面，为后现代主义的产生提供了理论来源。

快乐悦读——哲学知识

哲人的人生世界

KUAILEYUEDU ZHEXUEZHISHI

哲人在探索哲学智慧的同时，也都在走着自己的人生道路，他们各有自己的哲学人生。有人高扬“无为”，有人提倡“仁政”，有人倡导“法治”，有人提出“存天理，灭人欲”，有人为追求真理而丧命，有人傲视一切、批判一切，有人陷入了悲观的泥潭。

道家鼻祖老子

老子（约公元前580—公元前500年之后），姓李名耳，字伯阳，又称老聃。楚国苦县（今河南鹿邑）人。据传曾在周朝做过管理图书的史官，智慧冠绝古今，是我国古代伟大的哲学家和思想家。

老子所著《道德经》一书，寥寥五千字，却含有丰富的辩证法思想，老子哲学与古希腊哲学一起构成了人类哲学的两个源头，老子也因其深邃的哲学思想而被尊为“中国哲学之父”。老子的思想被庄子所传承，并与儒家和后来的佛家思想一起构成了中国传统思想文化的内核。道教出现后，老子被尊为“太上老君”；从《列仙传》开始，老子就被尊为神仙。《道德经》的国外版本有1000多种，是被翻译语言最多的中国书籍。

拓展思考

老子的“无为”

无为是《道德经》中的重要概念。其意为：道就是严格按照自己的职责办事，职责范围以内的事，一定要做得恰到好处；职责范围以外的事，一概不做。后来演变为道教的信仰，无为成为道教徒对自然界的运行和人类社会发展的基本认识。由此可见，道家的无为，并非不求有所作为，只是指凡事要“顺天之时，随地之性，因人之心”，而不要违反“天时、地性、人心”，凭主观愿望和想象行事。

老子的思想主张是“无为”，他的理想政治境界是“邻国相望，鸡犬之声相闻，民至老死不相往来”。《老子》以“道”解释宇宙万物的演变，“道”为客观自然规律，同时又具有“独立不改，周行而不殆”的永恒意义。《老子》一书中包含了大量朴素的辩证法观点。

◎启迪人生的经历

老子出关

周敬王四年（前516），周王室发生内乱，王子朝率兵攻下刘公之邑，周敬王受迫。当时晋国强盛，出兵救援周敬王。王子朝势孤，与旧僚携周王室典籍逃亡楚国。老聃蒙受失职之责，受牵连而辞职。于是离宫归隐，骑一青牛，欲出函谷关，西游秦国。

离开周王朝洛邑不远，但见四野一片荒凉。断垣颓壁，井栏摧折，阡陌错断，田园荒芜，枯草瑟瑟。田野里不见耕种之马，大道上却战马奔驰不息，有的马还拖着大肚子艰难地尾追其后。目睹此景，老聃心如刀绞，内心想道："夫兵者，不祥之器也……大兵之后，必有凶年。"

老子出关图

话说函谷关守关官员关尹，少时即好观天文、爱读古籍，修养深厚。一日夜晚，独立楼观之上凝视星空，忽见东方紫云聚集，其长三万里，形如飞龙，由东向西滚滚而来，自语道："紫气东来三万里，圣人西行经此地。青牛缓缓载老翁，藏形匿迹混元气。"关尹早闻老聃大名，心想莫非是老子将来？于是派人清扫道路四十里，夹道焚香，以迎圣人。

七月十二日午后，夕阳西斜，光华东射。关尹正欲下关查看，忽见关下稀落行人中有一老者，倒骑青牛而来。老者白发如雪，其眉垂鬓，其耳垂肩，其须垂膝，红颜素袍，简朴洁净。关尹仰天而叹道："我生有幸，得见圣人！"三步并作两步，奔上前去，跪于青牛前拜道："关尹叩见圣人！"

知识小链接

函谷关

函谷关是中国历史上建置最早的雄关要塞之一，因关在谷中，深险如函，故称函谷关。这里曾是战马嘶鸣的古战场，素有“一夫当关，万夫莫开”之称。这里又是我国古代思想家、哲学家老子著述五千言《道德经》的地方。千百年来，众多海内外道家、道教人士都到这里朝圣祭祖。

紫气东来

老子见叩拜之人方脸、厚唇、浓眉、端鼻，威严而不冷酷，柔慈而无媚态，早知非一般常人，故意试探道：“关令大人叩拜贫贱老翁，非常之礼也！老夫不敢承当，不知有何见教？”关尹道：“老丈，圣人也！务求留宿关舍以指修行之途。”老子道：“老夫有何神圣之处，受你如此厚爱？惭愧惭愧，羞杀老夫矣？”关尹道：“关尹不才，好观天文略知变化。见紫气东来，知有圣人西行，见紫气浩荡，滚滚如龙，其长三万里，知来者至圣至尊，非通常之圣也；见紫气之首白云缭绕，知圣人白发，是老翁之状；见紫气之前有青牛星相牵，知圣人乘青牛而来也。”

老子听罢，哈哈大笑：“过奖，过奖！老夫亦早闻你大名，特来拜会。”关尹闻言大喜，叩头不迭。之后，关尹引老子至官舍，请老子上坐，焚香而行弟子之礼，恳求道：“先生乃当今大圣人也！圣人者，不以一己之智窃为己有，必以天下人智为己任也。今先生将隐居，求教者必难寻矣！先生何不将圣智著为书？关尹虽浅陋，愿代先生传于后世，流芳千古，造福万代。”

老聃允诺，以王朝兴衰成败、百姓安危祸福为鉴，溯其源，著上、下两篇，共五千言。上篇起首为“道可道，非常道；名可名，非常名”，故人称

《道经》。下篇起首为“上德不德，是以有德；下德不失德，是以无德”，故人称为《德经》，合称《道德经》。《道经》言宇宙本根，含天地变化之机，蕴阴阳变幻之妙；下篇《德经》，言处世之方，含人事进退之术，蕴长生久视之道。关尹得之，如获至宝。

他对老子说：“读了先生的著作啊，我再也不想当这个边境官了，我要跟您一起出走了。”老子莞尔一笑，同意了。于是关令尹跟着老子出关了，后来还有人看到他们两人一起在西域流沙那儿呢，而且都活了好长好长的寿命！

“万世师表”孔子

孔子（前551—前479），名丘，字仲尼，春秋时期鲁国人，儒家学派创始人。孔子的言行思想主要载于语录体散文集《论语》。

鲁定公九年，51岁的孔子被任命为中都宰。孔子治理中都一年，卓有政绩，被升为小司空，不久又升为大司寇，摄相事，鲁国大治。鲁定公十二年，孔子为削弱三桓（季孙氏、叔孙氏、孟孙氏三家世卿，因为是鲁桓公的三个孙子故称三桓，当时的鲁国政权实际掌握在他们手中，而三桓的一些家臣又在不同程度上控制着三桓），采取了隳三都的措施（即拆毁三桓所建城堡）。后来隳三都的行动半途而废，孔子与三桓的矛盾也随之暴露。鲁定公十三年，齐国送80名美女到鲁国，季桓氏接受了美女，君臣迷恋歌舞，多日不理朝政。孔子非常失望，不久鲁国举行郊祭，祭祀后按惯例送祭肉给大夫们时并没有送给孔子，这表明季氏不想再任用他了，孔子在不得已的情况下离开鲁国，到外面去寻找出路，开始了周游列国的旅程，在周游列国

孔子在授课图

处处碰壁后又回到故里著书授徒，培养出七十二贤人。

基本小知识

七十二贤人

《史记·孔子世家》记载："孔子以诗、书、礼、乐教，弟子盖三千焉，身通六艺者七十有二人。"这"孔门七十二贤"，是孔子思想和学说的坚定追随者和实践者，也是儒学的积极传播者。

孔子对后世影响深远，虽说他"述而不作"，但他在世时已被誉为"天纵之圣"、"天之木铎"、"千古圣人"，是当时社会上最博学者之一。后世并尊称他为"至圣"、"万世师表"。他曾修《诗》《书》，定《礼》《乐》，序《周易》，作《春秋》。《论语》是儒家学派的经典著作之一，由孔子的弟子及其再传弟子编撰而成。它以语录体和对话文体为主，记录了孔子及其弟子言行，集中体现了孔子的政治主张、伦理思想、道德观念及教育原则等。与《大学》《中庸》《孟子》并称"四书"。通行本《论语》共二十篇。《论语》的语言简洁精练，含义深刻，其中有许多言论至今仍被世人视为至理。

美国诗人、哲学家爱默生认为："孔子是全世界各民族的光荣。"1988 年，75 位诺贝尔奖的获得者在巴黎发表联合宣言，呼吁全世界："21 世纪人类要生存，就必须汲取两千年前孔子的智慧。"

◎ 启迪人生的经历

匹夫不可夺志

孔子姐弟共有 11 人，但并非都是一母所生。孔子的父亲叔梁纥第一个夫人姓施，一共替孔子的父亲生了 9 个千金，硬是没有生一个替孔家传宗接代的。在当时的社会，这是叔梁纥老先生无论如何都接受不了的事情。为了孔家香火不绝，叔梁纥又讨了个老婆。谢天谢地，总算生了个儿子，取名伯尼。但伯尼下肢有残，叔梁纥先生虽属贵族中的最下等，毕竟在乡里还算是个体面的人物。怎能让一个跛子传宗接代？想要生一个像样的儿子来延续孔家香火，便成了叔梁纥的一块心病。多年应召在外征战，无暇顾及这头等大事。

而凯旋归来时，叔梁纥已是63岁的老人。大概叔老先生是下定了决心，没有一个像样的儿子死不甘心！于是征战回来不久，又急急忙忙四处求婚。66岁，终于与颜家三小姐结婚。当时颜家三小姐正处在十七八岁的芳龄，生命力最旺盛之时。

皇天不负苦心人！婚后不久，颜夫人怀孕。公元前551年夏历八月二十七，叔梁纥望儿心切，带着颜夫人一路风尘赶往尼丘山，祈求老天保佑，让他们生一儿子以遂那不死之心。大概是神仙显灵，刚祈祷完毕，颜夫人便感到分娩在即。于是赶到一山洞休息，孔子就在这个山洞里出生。孔子刚生下，也并不漂亮，头顶四周凸出，中部凹陷，形状极像他出生所在地尼丘山。孔子名丘，便因此得来。

尼丘山的夫子洞

在那时，人们认为年过64结婚就是不正常的婚姻，并且不合礼仪。孔子父亲年近古稀，而妈妈则在妙龄，世人对这桩婚事颇有指责。令孔子更难堪的是，人们背后常议论他属“野合而生”，并非正出。

叔梁纥健在的时候，孔子可能当了几天宠儿。但好景不长，孔子3岁时，叔梁纥先生就去世了。孔子很快由宠儿变为小妾养的贱种。叔老先生尸骨未寒，年轻的寡妇颜氏与幼小的孔子便成了孔家多余的人。母子二人在孔家没有了立足之地。后来，孔母颜夫人只得带着孔子到娘家安身，母子自此处于的尴尬处境可想而知。而孔母在30岁时便离开了人世，这样一来孔子的生活就更艰难了，作为“私生子”的他还常常被人嘲笑。

人生起步时刻的挫折，很容易改变人的生活航向，影响人的一生。它会使人从此消沉，一蹶不振；它也会使人变得更加坚毅，更加激发拼搏精神。

孔子属于后者。面对侮慢，他默默地忍受下来。“君子坦荡荡，小人长戚戚”。孔子自己慰勉自己。一个要成就一番事业的人，首先应该有宽广的胸怀，绝对不能被个人一时的恩怨得失所累。个人不幸的遭遇往往是社会不幸的反映。孔子由个人的不幸看到社会的不幸。他冷静地思考着社会、人生。

回想周公、文武时代，“礼乐征伐自天子出”，王命一出，不容违犯。整个社会秩序井然。那样的社会不会有越礼行为，也不会发生欺贫溺弱的事情。如今是人心不古，礼崩乐坏。“天下共主”周天子徒具虚名，君不君，臣不臣。诸侯向天子称主，楚庄王问周鼎轻重，意欲取代周室；诸侯国内，卿大夫也在闹独立。不是吗？鲁国三桓大夫各自占据自己的封地，不向鲁君称臣；大夫的家臣也伺机与大夫抗衡。真是“世卿掌权柄，陪臣执国命”。

孔子对这个社会有不满，但他并不抱怨这个社会制度本身。相反，他认为，当时社会礼崩乐坏、小人当道等现象存在，恰恰是没有完善这个社会制度所造成的。他要把改造社会改造人作为己任。不能以个人荣辱为荣辱，不能以个人贵贱为贵贱。

任何社会，一个人要想有所作为，必须具备那个社会所承认的本领。在孔子那个时代，要想改造社会，就必须参与贵族政治，取得一定地位。而要想有一定政治地位，不熟悉当时的礼乐，不掌握骑射技术，不学会计算和书写本领，也是根本达不到的。于是他发奋学习，努力实践，终成中国甚至世界的“万世师表”。

孔子求教于老子

公元前 538 年的一天，孔子对弟子南宫敬叔说：“周之守藏室史老聃，博古通今，知礼乐之源，明道德之要。今吾欲去周求教，汝愿同去否？”南宫敬叔欣然同意，随即报请鲁君。鲁君准行，遣一车二马一童一御，由南宫敬叔陪孔子前往。

老子见孔子千里迢迢而来，非常高兴，教授之后，又引孔子访大夫苌弘。苌弘善乐，授孔子乐律、乐理；引孔子观祭神之典，考宣教之地，察庙会礼仪，使孔子感叹不已，获益不浅。逗留数日。孔子向老子辞行。老聃送至馆舍之外，赠言道：“吾闻之，富贵者送人以财，仁义者送人以言。吾不富不贵，无财以送汝，愿以数言相送，当今之世，聪明而深察者，其所以遇难而几至于死，在于好讥人之非也；善辩而通达者，其所以招祸而屡至于身，在于好扬人之恶也。为人之子，勿以己为高；为人之臣，勿以己为上，望汝切记。”孔子顿首道：“弟子一定谨记在心！”

行至黄河之滨，见河水滔滔，浊浪翻滚，其势如万马奔腾，其声如虎吼雷鸣。孔子伫立岸边，不觉叹曰：“逝者如斯夫，不舍昼夜！黄河之水奔腾不息，人之年华流逝不止，河水不知何处去，人生不知何处归？”闻孔子此语，老子道：“人生天地之间，乃与天地一体也。天地，自然之物也；人生，亦自然之物；人有幼、少、壮、老之变化，犹如天地有春、夏、秋、冬之交替，有何悲乎？生于自然，死于自然，任其自然，则本性不乱；不任自然，奔忙于仁义之间，则本性羁绊。功名存于心，则焦虑之情生；利欲留于心，则烦恼之情增。”孔子解释道：“吾乃忧大道不行，仁义不施，战乱不止，国乱不治也。故有人生短暂，不能有功于世、不能有为于民之感叹矣！”

孔子见老子

老子道：“天地无人推而自行，日月无人燃而自明，星辰无人列而自序，禽兽无人造而自生，此乃自然为之也，何劳人为乎？人之所以生、所以无、所以荣、所以辱，皆有自然之理、自然之道也。顺自然之理而趋，遵自然之道而行，国则自治，人则自正，何须津津于礼乐而倡仁义哉？津津于礼乐而倡仁义，则违人之本性远矣！犹如人击鼓寻求逃跑之人，击之愈响，则人逃跑得愈远矣！”

稍停片刻，老子手指滔滔黄河，对孔子说：“汝何不学水之大德欤？”孔子曰：“水有何德？”老子说：“上善若水，水善利万物而不争，处众人之所恶，此乃谦下之德也；故江海所以能为百谷王者，以其善下之王。天下莫柔弱于水，而攻坚强者莫之能胜，此乃柔德也；故柔之胜刚，弱之胜强坚。因其无有，故能入于无间，由此可知不言之教、无为之益也。”

孔子闻言，恍然大悟道：“先生此言，使我顿开茅塞也：众人处上，水独处下；众人处易，水独处险；众人处洁，水独处秽。所处尽人之所恶，夫谁与之争乎？此所以为上善也。”老子点头说：“汝可教也！汝可切记：与世无争，则天下无人能与之争，此乃效法水德也。”孔子道：“先生之言，出自肺腑而入弟子之心脾，弟子受益匪浅，终生难忘。弟子将遵奉不怠，以谢先生之恩。”孔子说完，告别老子，与南宫敬叔上车，依依不舍地向鲁国驶去。

回到鲁国，众弟子问道：“先生拜访老子，可得见乎？”孔子道：“见之！”弟子问。“老子何样？”孔子道：“鸟，我知它能飞；鱼，吾知它能游；兽，我知它能走。走者可用网缚之，游者可用钩钓之，飞者可用箭取之，至于龙，吾不知怎么办？龙乘风云而上九天也！吾所见老子也，就像龙一样啊！他学识渊深而莫测，志趣高邈而难知；如蛇之随时屈伸，如龙之应时变化。老聃，真吾师也！”

“布衣之士”墨子

墨子像

墨子（约前468—前376），名翟，鲁国人。墨子是我国战国时期著名的思想家、教育家、军事家，墨家学派的创始人。著有《墨子》一书，主要内容有兼爱、非攻、尚贤、尚同、节用、节葬、非乐、天志、明鬼、非命等十项，以兼爱为核心，以节用、尚贤为支点。墨学在当时影响很大，与儒家并称“显学”。墨子死后，墨家分为相里氏之墨、相夫氏之墨、邓陵氏之墨三个学派。

墨子精通手工技艺，可与当时的巧匠鲁班相比。他自称是“鄙人”，被人称为“布衣之士”。墨子曾做过宋国大夫，自诩说“上无君上之事，下无耕农之难”，是一个同情“农与工肆之人”的士人。墨子曾经师从儒者，学习孔子之术，称道尧舜大禹，学习《诗》《书》《春秋》等儒家典籍。但后来逐渐对儒家烦琐礼乐感到厌烦，最终舍弃了儒学并走到其对立面，形成自己的墨家学派。墨家是一个宣扬仁政的学派。在代表新型地主阶级利益的法家崛起以前，墨家是先秦和儒家相对立的最大一个学派，并列“显学”。

墨子一生的活动主要在两方面，一是广收弟子，积极宣传自己的学说，二是不遗余力地反对兼并战争。

墨家是一个有着严密组织和严密纪律的团体，最高领袖被称为“巨子”，墨家的成员都称为“墨者”，必须服从巨子的指导，听从指挥，可以“赴汤蹈火，死不旋踵”，意思是说至死也不旋转脚跟后退。

你知道吗

非　命

中国古代战国初期著名思想家墨翟的主张，反对儒家把“寿夭贫富，安危治乱”看成是先天命定的思想。“非命论”是墨子思想中最积极合理的部分，是人类对自身力量的初步认识，表达了古代劳动者力图摆脱传统天命思想束缚的愿望。

◎启迪人生的经历

墨子救宋

鲁国的工匠公输般，为楚国制造了一种云梯，这种武器又高又大，用于攻打敌国的城墙，在当时可以说是战略性武器。云梯造成后，楚国就准备攻打宋国了，以便检验这种新式武器的效用。

墨子听到这个消息后，希望能够阻止这场战争。他走了十天十夜，赶到楚国国都，见到公输般时，他说:“北方有一个人欺侮我，我希望借你的力量杀死他。”公输般听了很不高兴，也没有任何表示。墨子接着说:“我可以给你很多钱，作为你杀人的报酬。”公输般回答说:“我讲道义，不会因为报酬去杀人。”墨子说:“楚国是大国，人口不多但土地辽阔，可是它却准备攻打弱小的宋国，这是非正义战争，你口头上说讲道义不杀人，可是一旦发生战争，有多少无辜的平民会因为你的新式武器而死去，这跟你亲手杀人有什么区别呢？”

墨子演机括

公输般被问得哑口无言，推诿说攻打宋国的计划是楚王的决定，于是墨子请公输般带他去见楚王。见到楚王，墨子说：“我想请教大王一个问题。”楚王问他是什么问题。墨子说：“现在有人放着自己漂亮的车子不要，却想偷邻居的破车，舍弃自己的漂亮华贵衣服不要，却想偷邻居的破旧衣服，这是怎样一种人啊？”楚王笑着说：“这人肯定是有偷窃的毛病。”墨子抓住时机，说：“楚国有广阔的土地，而宋国只是一个小小的国家，这就如同一辆漂亮的车与一辆破车的对比；楚国物产丰富，而宋国物产贫乏，这如同华贵衣服和破旧衣服的对比，所以我认为楚国攻打宋国，跟那个犯了偷窃病的人正是一类人。”

楚王一下子不知如何回答才好，蛮横地说：“你说得好，但是公输般已经为我造好了云梯，我是一定要攻打宋国的。”墨子不慌不忙地说：“云梯并没有想象得那样厉害，不信我可以与公输般模拟作战。”楚王于是为他们准备了道具，包括城墙、守城的器械、云梯及其他攻城的兵器。公输般模拟攻打宋国的城墙，结果任由他多次改变攻城的战术，都被墨子抵挡住了，公输般攻城的方法用尽了，墨子守城的方法还有的没派上用场。

公输般不甘心失败，对墨子说：“我知道怎么来对付你，我不说。”墨子也说：“我也知道你如何对付我，我也不说。”楚王问墨子其中的原因，墨子说：“公输般的意图，不过是杀了我。他以为杀了我，宋国就没有人来防守楚国的攻打了。可是，我已经把我的方法教给了我的徒弟，即使你们杀了我，也不能攻入宋国的城门！”楚王见大势已去，只好说：“我决定不攻打宋国了。”

“亚圣”孟子

孟子（前372—前289）。战国时期鲁国人（今山东邹城人），名轲，字子舆。年少时受业于孔子之孙子思的门人。孟子是中国古代著名思想家、教育家，战国时期儒家代表人物，著有《孟子》一书。

孟子是儒家最重要的代表人物之一，但孟子的地位在宋代以前并不很高。自中唐的韩愈著《原道》，把孟子列为先秦儒家中唯一继承孔子“道统”的人物开始，出现了一个孟子的“升格运动”，孟子其人其书的地位逐渐上升。宋神宗熙宁四年（1071），《孟子》一书首次被列入科举考试科目之中。元丰六年（1083），孟子首次被官方追封为“邹国公”，翌年被批准配享孔庙。以后《孟子》一书升格为儒家经典，南宋朱熹又把《孟子》与《论语》《大学》《中庸》合为“四书”，其实际地位更在“五经”之上。元朝至顺元年（1330），孟子被加封为“亚圣公”，以后就称为“亚圣”，地位仅次于孔子。

基本小知识

《孟子》

《孟子》是中国儒家典籍中的一部，记录了战国时期思想家孟子的治国思想和政治策略，是孟子和他的弟子记录并整理而成的。《孟子》在儒家典籍中占有很重要的地位，为“四书”之一。

◎启迪人生的经历

孟母三迁

孟子小时候，父亲早早地死去了，母亲守节没有改嫁。当时他和母亲住在离墓地不远的地方。孟子和邻居的小伙伴们玩起办理丧事的游戏，学着大人跪拜、哭叫。

孟母看到了，皱起了眉头，心里想：不行！我不能让我的孩子住在这里了！于是孟母毅然带着孟子搬到市集旁边去住。

到了市集，孟子又和邻居的小孩，学着商人做生意。一会儿鞠躬欢迎客人，一会儿招待客人，一会儿和客人讨价还价，表演得像极了！孟母知道了，又皱皱眉头：这个地方也不适合我的孩子居住！于是，他们又搬家了。

孟母带子迁家图

这一次，他们搬到了学校附近。孟子开始变得守规矩、懂礼貌、喜欢读书。这时候，孟母很满意地点着头说："这才是我儿子应该住的地方啊！"

孟母断机

孟子小时候，有一天放学回家，他的母亲正在织布，见他回来丢了书包就要出去玩，便问道："学习怎么样了？"孟子漫不经心地回答说："跟过去一样。不好也不坏。"孟母见他无所谓的样子，十分难过，就用剪刀把织好的布剪断。孟子见状惊惧不已，就问母亲："为什么要这样做？"孟母说："你荒废学业，如同我剪断这布一样。有德行的人学习是为了树立德行，增长知识。这样他们平时就能平安无事，做起事来就可以避开祸害。如果现在荒废了学业，就不免于做下贱的劳役，而且难以避免祸患。"孟子听后大悟，自此，从早到晚勤学不止，把子思奉为老师，最终成为天下有名的大思想家。

孟母教子塑像

任性逍遥的庄子

庄子（约前369年—前286），名周，后世称之为“南华真人”，战国时宋国蒙（今安徽省蒙城县，又说今河南省商丘县）人。老子哲学思想的继承者和发展者，后世将他与老子并称为“老庄”。

庄子生活在战国时期，与梁惠王、齐宣王同时，曾做过漆园小吏，生活很穷困，却不接受楚威王的重金聘请，在道德上是一位非常廉洁、正直，相当有棱角和锋芒的人。他一生淡泊名利，主张修身养性、清静无为，在他的内心深处则充满着对当时世态的悲愤与绝望。从他哲学有着退隐、不争、率性的表象上，可以看出庄子是一个对现实世界有着强烈爱恨的人。

庄周梦蝶

庄子是主张精神上的逍遥自在的，所以在形体上，他也试图达到一种不需要依赖外力而能成就的一种逍遥自在境界；庄子提倡护养生命的主宰亦即人的精神要顺从自然的法则，要安时而处顺；庄子重视内在德性的修养，认为德性充足，生命自然流注出一种自足的精神的力量。

◎启迪人生的经历

相位如死鼠

庄子的好朋友惠施被封为魏国的宰相后，庄子很为自己的朋友高兴，启程去拜访惠施。

庄子到了魏国没有立即去拜访惠施，他的行动传到一些小人那里，他们便到施惠跟前歪曲庄子的来意，从中挑拨说，庄子此番进京拜访，来者不善，意在谋取相位。惠施一听，心里十分恐慌，害怕丧失官位，于是下令搜捕庄子。为了抓到他，整整在国都搜查了三天三夜。

惠施的举动被庄子知道了，庄子索性主动登门求见。惠施见庄子竟敢自投罗网，吃惊不已。庄子也不向惠施多解释，只是坐下来讲了一个故事：

在南方有一种神鸟，与凤凰同类，名叫鹓鸰（音冤除），它从南海出发飞往北海，在途中，若不见高高的梧桐树，绝不栖息；不是翠竹与珍稀的果实，绝不食用；不遇甘甜的泉水，绝不畅饮。

庄子与惠施

神鸟一路飞翔，它在天空看见地面上有只猫头鹰，正在啄食一只腐烂的死鼠。猫头鹰饥不择食，它在看见头顶上的神鸟后，以为是来抢食死鼠的，于是紧张起来，羽毛竖起，怒目而视，做出决一死战的架势。它见神鸟仍在头顶飞翔，便对着它声嘶力竭地发出吓人的喝叫！

知识小链接

惠　施

惠施（前390—前317）宋国（今河南商丘市）人，战国时政治家、辩客和哲学家，是名家的代表人物。惠施是合纵抗秦的最主要的组织人和支持者。

庄子把猫头鹰遇到神鸟的故事讲完后，坦然地走到惠施面前，笑着问他：“今天，您获取了魏国相位，看见我来了，是不是也要对我恫吓一番呢？”说完，庄子放声大笑，拂袖而去。

庄子不乐

庄子在雕陵栗树林里游玩，看见一只奇异的怪鹊从南方飞来，翅膀宽达七尺，眼睛大若一寸，碰着庄子的额头而停歇在果树林里。庄子说：“这是什么鸟哇，翅膀大却不能远飞，眼睛大视力却不敏锐？”于是提起衣裳快步上前，拿着弹弓静静地等待着时机。这时突然看见一只蝉，正在浓密的树荫里美美地休息而忘记了自身的安危；一只螳螂用树叶作隐蔽打算见机扑上去捕捉蝉，螳螂眼看即将得手而忘掉了自己形体的存在；那只怪鹊紧随其后认为那是极好的时机，眼看即将捕到螳螂而又丧失了自身的真性。庄子惊恐而警惕地说：“啊，世上的物类原本就是这样相互牵累、相互争夺的，两种物类之间也总是以利相招引！”庄子于是扔掉弹弓转身快步而去，看守栗园的人大惑不解地在后面追着责问。

螳螂捕蝉图

庄子返回家中，整整三天心情很不好。弟子蔺且跟随一旁问道：“先生为什么这几天来一直很不高兴呢？”庄子说：“我留意外物的形体却忘记了自身的安危，观赏于混浊的流水却迷惑于清澈的水潭。而且我从老聃老师那里听说：‘每到一个地方，就要遵从那里的习惯与禁忌。’如今我来到雕陵栗园便忘却了自身的安危，奇异的怪鹊碰上了我的额头，游玩于果林时又丧失了自身的真性，管园的人不理解我又进而侮辱我，因此我感到很不愉快。”

能言善辩的公孙龙

公孙龙，生卒不详，约活动于前284—前259年间，战国时期赵国人，名家的代表人物，以善辩著称于世。曾经做过平原君的门客，其主要著作是《公孙龙子》。

◎启迪人生的经历

白马非马

战国时期，赵国平原君门客公孙龙因其《白马论》问世，一举成名。

当时赵国一带的马匹流行烈性传染病，导致大批死亡。秦国战马很多，为了严防这种瘟疫传入秦国，秦国在函谷关口贴出告示："凡赵国的马不能入关。"

函谷关

这天，公孙龙骑着白马来到函谷关前。关吏说："人可入关，但马不能入关。"公孙龙说："白马非马，怎么不可以过关呢？"关吏说："白马是马。"公孙龙讲："我公孙龙是龙吗？"关吏愣了愣，但仍坚持说："按规定不管是白马黑马，只要是赵国的马，都不能入关。"公孙龙不急不徐地说："'马'是指名称而言，'白'是指颜色而言，名称和颜色不是一个概念。"'白马'这个概念，分开来就是'白'和'马'或'马'和'白'，这也是两个不同的概念。譬如说要马，给黄马、黑马者可以，但是如果要白马，给黑马、给黄马就不可以，这证明，‘白马’和‘马’不是一回事吧！所以说白马就不是马。”

关吏被公孙龙这一通高谈阔论搅得晕头转向，如坠云里雾中，不知该如何对答，无奈只好让公孙龙和白马都过关去了。

口吃善著书的韩非

韩非（约前281—前233），韩非为韩国公子，是法家思想的集大成者，后世称“韩非子”。韩非口吃，不善言谈，而善于著述。他与李斯同是荀子的学生，他博学多才，思维敏捷。他行文气势逼人、宏论滔滔，凡是读过他文章的人，无不折服。

韩非虽然师从荀子，但他没有承袭儒家的思想，却“喜刑名法术之学”，继承并发展商鞅等人的法家思想。

韩国在战国七雄中是最弱小的国家，韩非身为韩国公子，目睹韩国日趋衰弱，曾多次向韩王上书进谏，希望韩王励精图治，变法图强，但韩王置若罔闻。这使他非常悲愤和失望。他积极探索变弱为强的道路，写了《孤愤》《五蠹》《说难》等十余万言的著作，全面、系统地阐述了他的法治思想，抒发了忧愤孤直而不容于时的愤懑。

后来这些著作流传到秦国，秦王嬴政读了《孤愤》《五蠹》之后，大加赞叹：“嗟乎！寡人得见此人与之游，死不恨矣！”

◎启迪人生的经历

才高遭忌惹杀祸

公元前233年的一天，正当盛年四十出头的韩非，衣着鲜亮，神采飞扬坐着马车，从中原的新郑到秦国的咸阳去。

当时，韩王安感觉死期将至。韩国离秦国最近，经过秦昭王等人的前后侵削，地盘日渐缩小，现在只有十几个城，全境不过一个郡大，三面被秦人包围。

韩王安本能地想逃跑，但是已经没门儿了。秦国国内灭韩呼声很高，秦军即将出动。于是他派韩非做说客，到秦国游说。

韩非到了咸阳，献给秦王嬴政一封书信。韩非是这样写的："韩国近三十年来，一直充当秦国的小弟，出门就当雨伞，入门就当枕席。秦国出动锐师攻打诸侯，韩国就随着发兵赞助。韩国因此与天下诸侯结怨，而战果却全归于强秦，但我们还是无怨无悔，争当您的小弟。可是贵国近日却有灭韩之议，万万不可啊！"

为了说明存韩的意义，韩非必须为秦国树立起赵国这个敌人，于是他接着写道："赵国目前聚集士卒，联络诸侯，有合纵攻秦之意。大王宽释赵国这个敌对恶分子，却攻打韩国这个小弟自家人，大王的做法不妥啊！"

秦王嬴政早闻韩非大名，对他的文章是爱不释手，现在看他的信，激动不已，很想给韩非一个面子。

可是，李斯赶紧上书劝阻："韩国不是我们的狗屁小弟，而是我们的腹心之疾，以目前形势来看，赵国正在拼命拉拢齐国。如果齐赵联合，力量增强，那么韩国必然投奔齐赵。他们互相合作，我们秦人就危险了。"

两种观点针锋相对，水火不容，到底秦王该相信谁？他这么一犹豫，就是两三年，从客观上讲，秦国等于暂时放弃了灭韩计划，韩非出使咸阳的目的，基本达到了。由于受到秦王嬴政的赏识，他就留在了秦国。

韩非和李斯发生大辩论之后，李斯觉得韩非的"存韩"政治立场顽固，不利于秦国也不利于李斯自己的官运，于是他对秦王说："韩非最终还是替韩国设计考虑，不为秦所用。如今韩非子在秦国的时日已久，如果把他遣送回去，又会泄露秦国的政治、军事机密，不如把他处死算了。"

秦王觉得有理，就把他关起来，但爱惜其才，不舍得一杀了之。李斯怕秦王反悔，就跑到监狱里，让韩非服毒自杀。

知识小链接

李斯简介

秦朝丞相，著名的政治家、文学家和书法家，协助秦始皇统一天下。秦统一之后，参与制定了法律，统一车轨、文字、度量衡制度。秦始皇死后与赵高合谋立少子胡亥为二世皇帝，后为赵高所忌，腰斩于市。

中国禅宗始祖达摩

达摩祖师雕像

达摩，又称菩提达摩，南天竺人（今印度），自称佛传禅宗第二十八祖。南朝梁武帝时航海到广州。梁武帝信佛。达摩至南朝都城建业会梁武帝，面谈不合，于是一苇渡江，到达北魏都城洛阳，驻锡少林寺，面壁九年，传衣钵于慧可。后出禹门游化终身。东魏天平三年（536）卒于洛滨，葬熊耳山。

达摩在中国始传禅宗，“直指人心，见性成佛，不立文字，教外别传”，经二祖慧可，至六祖慧能等大力弘扬，终于一花五叶，成为中国佛教最大宗门。

◎启迪人生的经历

一苇渡江

达摩拜第二十七代佛祖般若多罗为师，得到佛法真谛后，一天达摩问师父:“弟子应到何地传化?”般若多罗说:“你应该去震旦(中国),并且你到震旦以后,不要住在南方,那里的君主喜好功业,不能领悟佛理。”

达摩遵照师父的嘱咐,准备好行李,驾起一叶扁舟,乘风破浪,漂洋过海,用了三年时间来到了中国。到中国以后,广州刺史得知此事,急忙禀报给信奉佛法的梁武帝。梁武帝萧衍立即派使臣把达摩接到南京,为其接风洗尘,宾客相待。

梁武帝是一个佛教信徒,主张自我解脱。达摩是禅宗大乘派,主张面壁静坐,普度众生。由于他们的主张不同,每谈论起佛事,总是话不投机。萧衍问:“我广造寺宇,度众人为僧;写佛经、造佛像也不遗余力。凡此种种,有何功德?”达摩答:“并无功德。”萧衍追问:“为什么没有功德?”达摩说:“你只不过干了几件好事,这实际上算不了什么功德。”萧衍闻言,心中不悦。达摩感到南京不是久留之地,便告辞渡江北上。

达摩一苇渡江

当时有个高僧,名叫神光,正在南京雨花台讲经说法,围观听讲的人挤得水泄不通。达摩离开梁武帝,路过雨花台,见到神光在那里讲经说法,就站在人群中侧耳倾听。达摩听讲,有时点头,有时摇头。神光发现达摩摇头,认为这是对自己的大不敬,便问达摩:“你为什么摇头?”达摩不与之争,主动让步,离开雨花台而去。

达摩去后,有人告诉神光说这就是印度高僧菩提达摩,精通佛法,学识渊博。神光听了以后,惭愧至极,觉得自己太没礼貌了。于是就赶快追赶达摩,想赔礼道歉。达摩在前边走,神光在后面紧追,一直追到长江岸边。达摩停立江岸，只见水天茫茫，既没有桥，也没有船，甚至连个人影也不见。这怎么过江呢？达摩十分焦虑。正在这无可奈何之际，达摩突然发现岸边不远的地方坐着一个老太太，身边放了一捆草，看样子好像也是在等船过江。达摩只好向老人求助，他恭恭敬敬地向老人施了一礼，说道："老菩萨，我要过江，怎奈无船，请您老人家化棵芦苇给我，以便代步。"

老人抬起头来，仔细地端详达摩。见他两只突鼓的眼睛炯炯有神，满脸络腮胡子，卷曲盘旋，身材魁梧，举止坦然，形象端庄，仪表非凡。老人暗自点头称许，便顺手抽出一根芦苇递给达摩。达摩双手接过芦苇，向老人告谢而去。来至江边，他把芦苇放在江面上，只见一匝苇花昂首高扬，五片芦苇叶平展伸开，达摩双脚踏于芦苇之上，飘飘然渡过了长江。

神光追到江边，看见达摩一苇渡江，就气急败坏地跑到老人面前，不问青红皂白，抱起老人身边一捆芦苇，扔到水中，双脚踏上去，也想过江。谁知这捆芦苇不但不向前行进，反而很快沉入水中。神光见势不妙，急忙涉水而出，险些溺入水中。神光带着浑身泥水，冲向老人责问："你给他一根芦苇就渡过江，我拿你一捆芦苇为什么还过不去？"老人不慌不忙地答道："他是化我的芦苇，助人有份；你是抢我的芦苇，物各有缘。无缘无故，岂能相助？"说罢，老人转瞬间倏然不见，浩荡的江面上空无一人。神光自知有失，惭叹不已，懊悔而归。

知识小链接

嵩山少林寺

位于中国河南省登封市嵩山，是少林武术的发源地，由于其坐落于嵩山的腹地少室山下的茂密丛林中，所以取名"少林寺"。少林寺在唐朝时期享有盛名，以禅宗和武术并称于世。民国时期被军阀石友三几乎焚毁殆尽。现任少林寺方丈是释永信。

达摩过江以后，手持禅杖，信步而行。北魏孝昌三年（527）到达了嵩山少林寺。达摩看到这里群山环抱，丛林茂密，山色秀丽，环境清幽，觉得这真是一片难得的佛门净土。于是，就把少林寺作为他落迹传教的道场，广集僧徒，首传禅宗。

面壁九年

河南登封市五乳峰中峰的上部，离峰顶不远，有一个天然石洞，这个石洞高、宽只有3米，长度约有7米。方形的洞门，向阳敞开，空气清爽，冬暖夏凉。洞前有一块小草坪，周围浓荫蔽日，百鸟和鸣。

达摩来到少林寺后，就把这个天然石洞作为自己坐禅悟道的宝地。达摩在这个石洞里，整日面对石壁，双眼紧闭，盘膝静坐，在“明心见性”上下功夫。洞内静若无人，万籁俱寂，达摩入定后，连飞鸟都不知道这里有人，竟飞到达摩的肩膀上筑起巢来。开定后，达摩就站起身来，活动一下四肢，锻炼一下身体，然后继续坐禅。就这样，入定，开定，日复一日，年复一年，整整面壁九年。

达摩面壁图

你知道吗

入　定

入定即入于禅定，有时得道者的示寂，也称为入定。定为三学、五分法身之一，能令心专注于一境，可区分为有心定、无心定两种。有为佛道修行而入定者，亦有为等待多年后将出现于世的圣者而入定者。若欲入定者出定，以向其人弹指为佳。

达摩在石洞里面壁九年，当他离开石洞的时候，他坐禅面对的那块大石头上，竟然留下了一个达摩面壁的形象，衣裳褶纹，隐约可见，宛如一幅淡淡的水墨画。人们把这块石头称为“达摩面壁影石”，把这个天然石洞称之为“达摩面壁洞”。

清道光年间，萧元吉在少林寺看罢达摩面壁影石以后，深有所感，遂挥笔写了一首《面壁石赞》：少林一块石，都道是个人。分明是个人，分明是个石。石何石？面壁石。人何人？面壁佛。王孙面壁九年经，九年面壁祖佛成。祖佛成，空全身。全身精入石，灵石肖全形。少林万古统宗门。

禅宗六祖慧能

慧能（638—713），中国禅宗第六代祖师，俗姓卢，祖籍河北燕山（今涿州）人，出生在广东省新兴县，生活、传法于广东。他开创的禅宗为南派，与神秀开创的北派并称。

◎启迪人生的经历

由行者到高僧

慧能家境贫寒，3岁丧父，卖柴养母。因听人诵读《金刚经》有悟，决心学佛出家。

基本小知识

《金刚经》

《金刚经》是佛教重要经典。根据不同译本，全名略有不同，鸠摩罗什所译全名为“金刚般若波罗蜜经”，唐玄奘译本则为“能断金刚般若波罗蜜经”。《金刚经》传入中国后，自东晋到唐朝共有6个译本，以鸠摩罗什所译《金刚般若波罗蜜经》最为流行（5176字或5180字）。唐玄奘译本《能断金刚般若波罗蜜经》共8208字，为鸠摩罗什译本的一个重要补充。其他译本则流传不广。

慧能到湖北黄梅参拜弘忍大师学法。慧能初见弘忍，弘忍便问他：“你是哪里人？来这里求取什么？”慧能回答：“弟子来自岭南，到这里不求其他，只求‘作佛’。”弘忍说：“你是岭南人，哪里能‘作佛’！”慧能回答：“人有南北之分，‘佛性’并无南北之分。”弘忍吃了一惊，觉得他有佛性，就安排他随众劳动，在碓房舂米。慧能乐于从命，终日舂米，干得欢快。

当时弘忍的徒众有700人。在慧能入寺8个月后，弘忍命各人呈上一首偈语，这实际上是一场考试，他要选择衣钵的传人。但慧能没资格参加，因为他只是干杂事的。神秀是众僧中的的上座和尚，他在半夜三更时分，独自掌灯，在佛堂的南廊写下一偈："身是菩提树，心如明镜台，时时勤拂拭，莫使有尘埃。"

清晨时，弘忍见到此偈后漠然不语，慧能来到廊下，要求也作一偈，得到许可，他高声念道："菩提本无树，明镜亦非台，本来无一物，何处惹尘埃。"弘忍看到是慧能，就叫他退下，第二天弘忍把慧能叫去，为慧能讲经又把世代相传的法衣交给他，正式传他为禅宗六祖。为他的安全着想，弘忍亲自送到江州的渡口，吩咐他不到必要的时机，不要把自己是禅宗六祖的身份讲出来，免得有禅宗的僧人来争夺。为躲避别人的加害，他在广东四会一带的猎人中藏匿了整整15年，直到唐高宗仪凤元年（676）才公开露面。

慧能禅师像

这年正月初八，慧能来到广州法性寺（今光孝寺）。一天，风扬起寺庙的旗幡，两个和尚在争论到底是风动还是幡动？慧能说："既非风动，亦非幡动，而是人心动。"慧能的说法，令众僧大为惊叹，引起了印宗法师的关注和尊敬。

不久，印宗法师为慧能剃度，后又召集高僧名师为慧能举行了隆重的授戒仪式。他这才由行者变为正式的僧人。次年春，慧能离开法性寺，北上南华寺开山传法，前来送行的有1000多人。在南华寺，六祖慧能传教说法长达37年之久。其间，韶州刺史韦璩曾邀请慧能到韶州开元寺（后更名为大梵寺）讲经，其言行被弟子法海汇编成书，这就是被奉为禅宗宗经的《六祖大师法宝坛经》。在佛教中，只有佛祖释迦牟尼的言行记录能被称作“经”，而一个宗派祖师言行录也被称作“经”的，慧能是绝无仅有的一个。

理学集大成者朱熹

朱熹（1130—1200），南宋时期婺源（今属江西省）人。宋朝理学的集大成者，他继承了北宋时期程颢、程颐的理学，完成了客观唯心主义的体系。认为理是世界的本质，“理在先，气在后”，提出“存天理，灭人欲”的观点。朱熹在从事教育期间，对于经学、史学、文学、佛学、道教以及自然科学，都有所涉猎或有著述，著作广博宏富。

朱熹早年出入佛、道。三十一岁正式拜程颐的三传弟子李侗为师，专心儒学。朱熹在“白鹿国学”的基础上，建立白鹿洞书院，订立《学规》，讲学授徒，宣扬道学。在潭州（今湖南长沙）修复岳麓书院，讲学以穷理致知、反躬践实以及居敬为主旨。他继承二程，又独立发挥，形成了自己的体系，后人称为程朱理学。朱熹在任地方官期间，力主抗金，恤民省赋，节用轻役，限制土地兼并和高利盘剥，并实行某些改革措施，也参加了镇压农民起义的活动。

拓展阅读

岳麓书院

北宋开宝九年（976），潭州知府朱洞在僧人办学的基础上，正式创立岳麓书院。嗣后，历经宋、元、明、清各代，至清末光绪二十九年（1903）改为湖南高等学堂，而后相继改为湖南高等师范学校、湖南工业专门学校，1926年正式定名为湖南大学。历经千年，弦歌不绝，故世称“千年学府”。

◎启迪人生的经历

借莲教子

朱熹少年丧父，他牢记严父遗训发愤苦读，从不懈怠，一有空闲时间就帮助母亲施肥种菜，减轻母亲的负担。而深明大义、慈祥的朱母朱夫人却从不让儿子分担家务，以免耽误学业。

五夫里依山傍水，碧水丹山，这里还同时盛产建莲。方圆十几里的莲田，每逢炎夏，便散发出阵阵清香，亭亭玉立的莲花争相怒放，红白相间，十分动人。少年朱熹喜欢夹着书本走在林荫道旁，面对莲田高声诵读先师兼理学奠基人周敦颐的《爱莲说》："出淤泥而不染，濯清涟而不妖……" "莲，花之君子者也……"

朱熹像

这年夏天酷热难当，朱熹像往常一样在林荫道旁读书，朱夫人在百忙之中煮了碗莲子汤端了过来，朱熹慌忙放下手中的书，接过莲子汤，又递到母亲面前，愧疚地说："母亲，您每天操劳到晚，还是您先喝吧！"望着这聪明懂事的孩子，母亲感慨万分。夫君去世，母子相依为命，孩子在五夫里刘、胡二位先生的教诲下，学业大进。想到这里，朱夫人对朱熹道："孩儿，莲乃花之君子，它的浑身都是宝，建莲是朝廷贡品，一直供皇上享用，百姓也可自种自享，这样看来，君王庶民均为一体，孔孟之道存与其中。莲藕是人们喜爱的佳肴，可制成藕粉；荷叶味苦，清热解暑，可以入药；荷花清丽幽香，可供观赏。此中的用处，你应该都知道，做人也该如此，要做有用的人，像莲花一样做正人君子。"朱熹接过母亲手上这碗蕴含着做人道理的莲子汤，细细品味着，思索着。

知识小链接

周敦颐

周敦颐（1017—1073），字茂叔，号濂溪，宋营道楼田堡（今湖南道县）人，北宋著名哲学家，是学术界公认的理学派开山鼻祖。“两汉而下，儒学几至大坏。千有余载，至宋中叶，周敦颐出于舂陵，乃得圣贤不传之学，作《太极图说》《通书》，推明阴阳五行之理，明于天而性于人者，了如指掌。”《宋史·道学传》将周子创立理学学派提到了极高的地位。

“一无所知”的苏格拉底

苏格拉底（前469—前399），他和他的学生柏拉图及柏拉图的学生亚里士多德并称为“希腊三贤”。他被后人公认为是西方哲学的奠基者。

苏格拉底出生于雅典一个普通公民的家庭。苏格拉底具有朴实的语言和平凡的容貌，生就扁平的鼻子，肥厚的嘴唇，凸出的眼睛，笨拙而矮小的身体。

他早年继承父业，从事雕刻石像的工作，后来研究哲学。他在雅典和当时的许多智者辩论哲学问题，主要是关于伦理道德以及教育政治方面的问题。他被认为是当时最有智慧的人。作为公民，他曾三次参军作战，在战争中表现得顽强勇敢。此外，他还曾在雅典公民大会中担任过陪审官。

苏格拉底塑像

苏格拉底靠自学成了一名很有学问的

人。他以传授知识为生，30 多岁时做了一名不取报酬也不设馆的社会道德教师。许多有钱人家和穷人家的子弟常常聚集在他周围，跟他学习，向他请教。苏格拉底却常说："我只知道自己一无所知。"

他的一生大部分是在室外度过的。他喜欢在市场、运动场、街头等公众场合与各方面的人谈论各种各样的问题，如战争、政治、友谊、艺术、伦理道德等等。他说："我的母亲是个助产婆，我要追随她的脚步，我是个精神上的助产士，帮助别人产生他们自己的思想。"

苏格拉底一生过着艰苦的生活。无论严寒酷暑，他都穿着一件普通的单衣，经常不穿鞋，对吃饭也不讲究。但他似乎没有注意到这些，只是专心致志地做学问。

苏格拉底没有留下任何著作，我们只能从他的两个学生柏拉图和色诺芬的记载中加以探索，然而他们两人的记载又往往是互相矛盾的，因此对于何者的记载更接近真相一直是争论的话题。苏格拉底的学说具有神秘主义色彩。他认为，天上和地上各种事物的生存、发展和毁灭都是神安排的，神是世界的主宰。他反对研究自然界，认为那是亵渎神灵的。他提倡人们认识做人的道理，过有道德的生活。他的哲学主要研究探讨的是伦理道德问题。

在欧洲文化史上，他一直被看作是为追求真理而死的圣人。

拓展阅读

色诺芬简介

色诺芬（约前 430—前 354），古希腊历史学家、作家，雅典人，苏格拉底的弟子。公元前 401 年参加希腊雇佣军助小居鲁士（约前 424—前 401）争夺波斯王位，未遂，次年率军而返。前 396 年投身斯巴达，被母邦判处终身放逐。著有《远征记》、《希腊史》（修昔底德《伯罗奔尼撒战争史》之续编，叙事始于前 411 年，止于前 362 年）以及《回忆苏格拉底》等。

◎启迪人生的经历

苏格拉底与失恋者的对话

苏格拉底："孩子，为什么悲伤？"

失恋者："我失恋了。"

苏格拉底："哦，这很正常。如果失恋了没有悲伤，恋爱大概也就没有什么味道了。可是，年轻人，我怎么发现你对失恋的投入甚至比你对恋爱的投入还要倾心呢？"

失恋者："到手的葡萄给丢了，这份遗憾，这份失落，您非个中人，怎知其中的酸楚啊！"

苏格拉底："丢了就丢了，何不继续向前走去，鲜美的葡萄还有很多。"

失恋者："我要等到海枯石烂，直到她回心转意向我走来。"

苏格拉底："但这一天也许永远不会到来。"

失恋者："那我就用自杀来表示我的诚心。"

苏格拉底："如果这样，你不但失去了你的恋人，同时还失去了你自己，你会蒙受双倍的损失。"

失恋者："您说我该怎么办？我真的很爱她。"

苏格拉底与年轻人在一起

苏格拉底："真的很爱她？那你当然希望你所爱的人幸福？"

失恋者："那是自然。"

苏格拉底："如果她认为离开你是一种幸福呢？"

失恋者："不会的！她曾经跟我说，只有跟我在一起的时候，她才感到幸福！"

苏格拉底："那是曾经，是过去，可她现在并不这么认为。"

失恋者:“这就是说，她一直在骗我?”

苏格拉底:“不，她一直对你很忠诚。当她爱你的时候，她和你在一起，现在她不爱你，她就离去了，世界上再也没有比这更大的忠诚。如果她不再爱你，却要装着对你很有感情，甚至跟你结婚、生子，那才是真正的欺骗呢。”

失恋者:“可是，她现在不爱我了，我却还苦苦地爱着她，这是多么不公平啊!”

苏格拉底:“的确不公平，我是说你对所爱的那个人不公平。本来，爱她是你的权利，但爱不爱你则是她的权利，而你想在自己行使权利的时候剥夺别人行使权利的自由，这是何等的不公平!”

失恋者:“依您的说法，这一切倒成了我的错?”

苏格拉底:“是的，从一开始你就犯错。如果你能给她带来幸福，她是不会从你的生活中离开的。要知道，没有人会逃避幸福。”

失恋者:“可她连机会都不给我，您说可恶不可恶?”

苏格拉底:“当然可恶。好在你现在已经摆脱了这个可恶的人，你应该感到高兴，孩子。”

失恋者:“高兴?怎么可能呢，不管怎么说，我是被人给抛弃了。”

苏格拉底:“时间会抚平你心灵的创伤。”

失恋者:“但愿我也有这一天，可我第一步应该从哪里做起呢?”

苏格拉底:“去感谢那个抛弃你的人，为她祝福。”

失恋者:“为什么?”

苏格拉底:“因为她给了你忠诚，给了你寻找幸福的新机会。”

触动全人类心灵的死别

公元前399年，正值华夏战国时代的初期（周安王三年），古希腊雅典的三位罗织罪状的家伙：墨勒托斯，一位拙劣的悲剧合唱歌曲的作者；安尼托斯，一位制革的匠人；一位演说家，一起指控当时著名的学者、哲学家苏格拉底有罪。他们对苏格拉底指控的基本内容如下：

“苏格拉底违反法律表现在他不尊敬城邦所信奉的诸神，而且还引进新神；他的违法还表现在他蛊惑青年，使之误入歧途。”不知道这三位检察官用了些什么证据，竟然说服了雅典的公民，让他们认为城邦应该判苏格拉底死罪。这样，苏格拉底就被宣判为有罪，定为死刑。但是没有随即行刑，推迟了一个月以后才行刑。

在这段时间里，苏格拉底有充裕的时间与机会出走逃避。他的朋友克里同曾多次劝说他远走高飞，但他不为所动。因为苏格拉底自认是一名雅典公民，就要遵守雅典所制定的法律，以身殉道，甘愿受死。苏格拉底还认为，如果在他的朋友及学生的协助下越狱逃走，是“以错对错”，这种办法不可取。

另外，按照当时雅典的法律规定，所有被判有罪的人都可以请求宽恕。但是这样做就等于承认自己有罪，当然苏格拉底是不愿意这样做的。当时雅典法律还规定，被判有罪的人还有自己选择某一种刑罚的自由，即在认罪的前提下交罚金或者选择被放逐的处罚。这些都是古希腊雅典当时宽容的民主措施。

苏格拉底之死

然而，苏格拉底一贫如洗。他声称，自己没有这笔钱，也不愿意交罚金。苏格拉底也不愿意领着妻子和孩子，在法庭上垂泪乞求同情和宽恕。他倔强的态度惹怒了法官，但他表示“我宁愿选择死也不愿婢膝地乞求比死还坏得多的苟且偷生”。苏格拉底对死也不畏惧，因为他认为“灵魂不灭”或“灵魂转移”，人死后可以到另一世界，即冥府，在那里，“充满希望”的新生又将开始。

那是5月间的一天，苏格拉底将饮鸩就刑。当死神的脚步向他越来越逼近时，在囚禁着苏格拉底的地方聚集了不少人，其中有他的挚友克里同，还有其他的朋友及他的学生。这时，克里同问苏格拉底：“你还有没有别的事情要作交代？如关于你的家人或其他别的事，我们都是愿意尽力去做这些事的。”

苏格拉底回答道：“没有什么事情。我只是希望你们能按照我往常所说的那样去做，要好好照顾自己。你们若是能好好照顾自己，就等于是帮助我和我的子孙后代。要是你们不好好地照顾你们自己，不遵从我方才及以往说过的道理，不管你们现在如何郑重地答应我所要做的许多事，那都是没有什么用的。”

苏格拉底与百姓在一起

克里同说道：“我们一定要努力去做的，但我们该怎样安葬你呢？”

“按照你们所想的方式就可以了，只要你们心中真正感到我还存在着，并没有离开你们，那么你们就以你们所想的方式埋葬我吧。”苏格拉底说完这句话后微微一笑，看着围绕在他身旁的众人。接着又说：“各位，克里同并不了解现在的这个我就是苏格拉底，反而认为在不久后他看到的尸体才是我，所以才向我提出如何埋葬我的问题。在我饮鸩去世后，我要告诉你们，我去另一个国度了。有关这个问题，刚才我们谈论了许久。这是因为一方面希望你们镇定下来，另一方面，也是在安慰我自己。可是我们之间方才的谈话，好像克里同并没有听进去。我恳求你们向克里同担保，向他做保证，我死后是不会留在这儿的，会去离这儿很远的乐园。这样一来，克里同的心情就能平静下来。那样，在他看到我躯壳被埋葬或焚化时，他的悲恸或许要减少的，因为他不会感到那样做是对我的虐待；同时，在埋葬尸体时，他不至于说：‘埋葬的是苏格拉底。’克里同啊，你必须丢掉那些没有实际意义的想法，以免伤害自己的心灵。你要鼓足勇气说：‘埋葬的只是苏格拉底的躯体。’关于怎么样埋葬，就照你的意思，按照现行一般的民俗做就行了。”

苏格拉底说完上面这些话后就站起来，然后走进另一间房子去沐浴。这时，克里同和其他人留在外面，没有跟着进去。他将苏格拉底向他们说过的事情提出来，大家互相讨论讨论。对于这些，他们进行了回忆、反思，对于苏格拉底以往的不幸遭遇，感到哀伤和叹息。在场所有的人都感觉到自己好像是一个没有父亲的孤儿，就要面对寂寞和现实的人生。

在苏格拉底沐浴完毕以后，他的家人，包括三个儿子，其中大儿子 17 岁，名叫兰普罗克勒斯，另外的两个都还很小，以及他的第二个妻子克珊狄波斯，来到他身边。苏格拉底当着克里同等人的面将他迫切希望的事向他的家人做了交代，然后让妻子和孩子先回去。

这时天渐渐黑起来了，苏格拉底坐了下来，便不再多说话了。不一会儿，由 11 人组成的刑吏队的一名下属走近苏格拉底的身旁说道：“苏格拉底啊，你跟别的囚犯真是很不同啊！在我接到命令要他们饮鸩就刑时，他们不是耍赖就是咒骂我。而你对我从来没有埋怨过。自从你被关在这里以后，我已经了解你是这座牢里所有犯人中最高尚、最温和也是最伟大的人物，到现在我相信了这一点。你是一位很明事理的人，你清楚，有关你的事，责任不在我，因此，对我也不生气。想来你也明白，我要对你说些什么，我就是要请你保重，也要请你对这无法改变的事，要以轻松平静的心情忍耐下去。”这人说完上面这些话以后，就淌着眼泪难过地离开了。

这时众人沉默，苏格拉底对正离去的那人的背影说道：“你也要保重，我会照你所说的话那样去做的。”

然后，苏格拉底向一旁的克里同及其他在场的人说道：“那个人跟我很亲近，他一有空总是来和我说话。像他这样的人现在已经不太容易找到了！我由衷地感激他。克里同，我们要照他所说的话去做。请你叫人把毒药拿来好吗？要是还没有准备好，就让他们赶快准备吧。”

克里同回答道：“可是太阳仍然照耀在山顶上呢，还没有落坡。其实我也知道，不少人接到就刑的通知后，总是要拖延一段时间才饮毒药。他们还要尽情吃一些美味，最后欢乐一番，然后才去死。所以，你用不着那么急，时间还有的是呢。”

苏格拉底回答道：“克里同啊，那些人就像你所说的那样，也是可以理解的。因为他们认为这样做，对自己有好处。但是，我不像他们那样也是有理由的，因为我觉得推延服毒的时间，对我来说是没有什么用的。如果到了这时候，还什么也放不下，只能增添些自我嘲讽而已。因此，还是照我的吩咐去做吧，不要再坚持了。”

至此，克里同只好用目光暗示在旁等候吩咐的小童，那个小孩就走到外面去了。一会儿，这个孩子又走了回来，并且领着一个人进来。这个进来的人手里捧着一只杯子，里面盛的就是毒药。苏格拉底对这个手里捧着毒药杯的人问道：“请你告诉我，我该怎样做才行？”

那个人说：“你喝下这杯毒药以后，要不停地在这里走，如果感到两脚逐渐沉重起来，而且越来越重，你就躺下来。这就表明毒药已经生效了。”

说完了这些话，此人就将杯子递给苏格拉底。苏格拉底把杯子接了过来，脸色一点也没有变，镇定自若，跟平时的表现完全一样。他看了一眼把杯子递给他的那个人，然后问道：

“我可不可以从杯子里取一点出来，把它献给神呢？”

那个人回答道：“我们准备的毒药的分量刚刚好。”

苏格拉底于是说道：“这我是知道的，我只是想向神祷告罢了，祷告我从这个世界到达另一个世界，能够平安幸福！这也是我用这杯中之物作为饮料，以此来向神许愿。”说着苏格拉底一仰脖把毒药一口吞尽。

方才，在这里的大部分人都在抑制自己，尽量忍着眼泪，不要哭出来。但他们看到苏格拉底喝光毒药就刑时，就再也抑制不住自己的眼泪了，不得不捂着自己的脸哭了起来。要是说这是为了苏格拉底而哭泣，倒不如说是自我悲伤，感到自我的不幸，为的是丧失了这样好的朋友和老师而哭泣。克里同尤其不能抑制自己的眼泪，因而站了起来。在场的阿波罗多罗斯是苏格拉底的好友，眼睛早就哭红肿了，现在更是呜呜地痛哭起来。阿波罗多罗斯悲痛欲绝的表现，使在场所有的人都受到感染，大家难过得更不能自制，悲恸到了极点。

苏格拉底的态度十分从容，他看到众人的这种情形，说道："你们到底在干什么呢？真是让人受不了。我之所以要把女人和孩子打发回去，就是怕他们像这个样子。我经常听人说，作为男人，应该安静地死去。所以你们面对着我，应该镇定下来，要坚强些！"

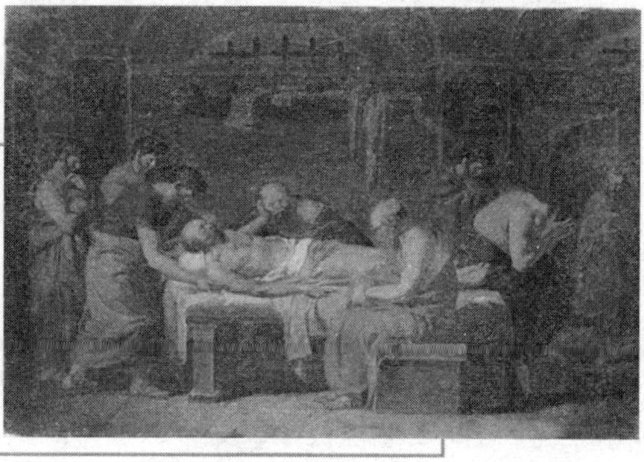

苏格拉底饮鸩之后

周围的人听到苏格拉底说的话，都觉得不好意思，于是全都抑制住了自己的眼泪。然后大家看着苏格拉底在不停地走动，逐渐发觉他的脚步沉重起来。拿毒药给苏格拉底喝的那个人，就让他躺了下来，然后用手在苏格拉底的身上摸了起来，并对他左右的脚踝进行检查。这个人用力压住苏格拉底的脚踝，并问道："感不感觉痛？"苏格拉底回答说："不。"

那个人又按他的膝盖，并告诉周围的人，说道："苏格拉底的身体已经慢慢地僵直了，已经没有了知觉。"那人又重复地摸了一次，再对众人说道："要是僵冷到了心脏时，就可以说一切都结束了。而现在他的下半身大部分都已经僵冷了。"

这时，那个行刑的人在苏格拉底的脸上盖了一层布。苏

趣味点击

苏格拉底的妻子

苏格拉底很爱自己的妻子，甚至有些娇宠地溺爱。当克桑蒂贝为她为客人准备的饭菜太寒酸而感到担心时，苏格拉底安慰她说："没有关系，如果他们懂得道理，自然就会接受，如果他们不接受，那就说明他们不明事理，大可不必为此烦恼。"当克桑蒂贝泼了他一身水时，他幽默地解嘲说："我不是说过，克桑蒂贝的雷霆会在雨中收场吗？"毫无疑问，克桑蒂贝是个性格强悍的人，脾气很大，而且和大多数女人一样爱絮絮叨叨。

格拉底将盖在脸上的布拉开，说：“克里同，我还欠医神阿斯克勒皮俄斯一只公鸡（这是医神的圣物），请不要忘了，要还给他。”

这就是苏格拉底临终时所说的最后一句话。克里同赶忙对苏格拉底说道：“好的，还有没有其他别的事情呢？”

这时，苏格拉底已经无法开口回答了。舌头已经僵直了。随即，苏格拉底的身体痉挛了一下。那个行刑的人当即把盖在苏格拉底脸上的布拿开。这时苏格拉底的两眼已失去了光彩。克里同用手轻轻地按摩着苏格拉底的双眼和嘴，使之能安然地合闭起来。

原子论者德谟克里特

德谟克里特（约前460—前370年或前356年），古希腊伟大的唯物主义哲学家，原子唯物论学说的创始人之一。

德谟克里特一生勤奋钻研学问，知识渊博，通晓哲学的每一个分支，同时，他还是一个出色的音乐家、画家、雕塑家和诗人。他是古希腊杰出的全才，在古希腊思想史上占有很重要的地位。

德谟克里特利用原子论解释认识论问题：从事物中不断流溢出来的原子形成了“影像”，而人的感觉和思想就是这种“影像”作用于感官和心灵而产生的。这就是他的“影像说”。他还区分了感性认识和理性认识。他把感性认识称作“暧昧的认识”，把理性认识称为“真理的认识”。

德谟克里特在自然科学上最重要的贡献，是他继承和发展了他的老师留基伯的原子论，为现代原子科学的发展奠定了基石。

德谟克里特像

在伦理观上，他强调幸福论，主张道德的标准就是快乐和幸福。著有《宇宙大系统》、《论自然》、《论人生》等，但仅有残篇传世。

◎启迪人生的经历

凭学问免罪

德谟克里特从小就见多识广。小时候，他做过波斯术士和星象家的学生，接受了神学和天文学方面的知识，对东方文化有着浓厚的兴趣。他在学习和研究的时候非常专心，经常把自己关在花园里的一间小屋里。他的想象力很丰富，并且刻意培养自己的想象力。有时他到荒凉的地方去，或者一个人待在墓地里，以激发自己的想象。

德谟克里特成人后，来到雅典学习哲学。后来又到埃及、巴比伦、印度等地游历，前后长达十几年。他在埃及居住了5年，向那里的数学家学习几何。他曾在尼罗河的上游逗留，研究过那里的灌溉系统。在巴比伦，他向僧侣学习如何观察星辰，推算日食发生的时间。回到故乡阿布德拉后，他担任过该城的执政官。在繁忙的政务之余，他始终没有放弃追求哲学和自然科学知识，并且在艺术方面也有了一定的造诣。

当他的学问越钻越深的时候，他感到小小的书房已经不足以供他研究了。他需要更广阔的空间。为了追求真理，追求智慧，他决定外出游学。他和他的两兄弟划分了祖上的家产，各拿一份。德谟克里特分到了最少的那份，100塔仑特现金。他拿着这笔钱，漫游了希腊各地，渡过地中海，到达了埃及，到达红海，到达巴比伦平原，往南一直到达埃塞俄比亚，往东到达印度，还在波斯结识了众多星象家。外出游学花费了父亲给他留下的绝大部分财产。他又整天写着“荒诞”的文章，在花园里解剖动物的尸体，以至族中有人认为他发了疯。他无所不学、无所不问。

然而，当德谟克里特回到阿布德拉之后，却遭到了一场审判，他被控“挥霍财产罪”。原因是德谟克里特经常外出旅行，有些人企图占有他剩下的财产，便控告他浪费祖产，对族中的事不加理会，把好好的园子变成了杂草丛生的荒地。根据该城的法律，犯了这种罪的人，要被剥夺一切权利并被驱逐出城。在法庭上，他为自己作了辩护：

“在我同辈的人当中，我漫游了地球的绝大部分，我探索了最遥远的东西；在我同辈的人当中，我看见了最多的土地和国家，我听见了最多的有学问的人的讲演；在我同辈的人当中，勾画几何图形并加以证明，没有人能超得过我……”

他还在庭上当众宣讲起他的名著——《宇宙大系统》。他的学识和他的雄辩取得了完全的胜利，征服了法官。

法庭不但判他无罪，并决定以五倍于他“挥霍”掉财产的数字——500塔仑特的报酬，奖赏他的这一部著作。与此同时，并把他当成城市的伟人，在世就给他塑造了铜像。

古希腊文化之魂柏拉图

柏拉图（约前427—前347），古希腊伟大的哲学家，也是全部西方哲学乃至整个西方文化最伟大的哲学家和思想家之一。

柏拉图出身于雅典贵族，青年时从师苏格拉底。苏格拉底去世后，他游历四方，曾到埃及、小亚细亚和意大利南部从事政治活动，企图实现他的贵族政治理想。公元前387年活动失败后逃回雅典，在一所称为阿加德米的体育馆附近设立了一所学园，此后执教40年，直至逝世。他一生著述颇丰，其教学思想主要集中在《理想国》和《法律篇》中。

柏拉图像

柏拉图提出了一种理念论的认识论。在柏拉图的《理想国》中，有一个著名的洞穴比喻来解释理念论：有一群囚犯在一个洞穴中，他们手脚都被捆绑，身体也无法转身，只能背对着洞口。他们面前有一堵白墙，他们身后燃烧着一堆火。在那面白墙上他们看到了自己以及身后到火堆之间事物的影子，由于他们看不到任何其他东西，这群囚犯会以为影子就是真实的东西。最后，一个人挣脱了枷锁，并且摸索出了洞口。他第一次看到了真实的事物。他返回洞穴并试图向其他人解释，那些影子其实只是虚幻的事物，并向他们指明光明的道路。但是对于那些囚犯来说，那个人似乎比他逃出去之前更加愚蠢，并向他宣称，除了墙上的影子之外，世界上没有其他东西了。

拓展思考

《理想国》

《理想国》是古希腊著名哲学家柏拉图重要的对话体著作之一。一般认为属于柏拉图的中期对话，本书分为十卷。在柏拉图的著作中，不仅篇幅最长，而且内容十分丰富，涉及其哲学的各个方面，尤其对他的政治哲学、认识论等有详细的讨论。

◎启迪人生的经历

站在巨人肩上

在科林斯海峡中，一艘木船在风浪中扬帆远航。它带着柏拉图的憧憬和希望，向麦加拉进发。

从这一年开始，28 岁的柏拉图和他的学友们一道离开了雅典，先后游历了麦加拉、埃及、昔勒尼、南意大利、西西里等地，历时 12 年。其间，他广交学士同仁，博采百家精华，历尽千辛万苦，力求开辟一条哲学与政治相结合的新途径。

柏拉图一行首先到了麦加拉，这是雅典西部不远的一个城邦国家。这里有一个由苏格拉底的朋友和学生组成的哲学学派，叫麦加拉派。他们很热情地接待了柏拉图一行。麦加拉派的创始人叫欧几里德（不是那位创立平面几何学的欧几里德）。这个人不仅崇拜苏格拉底，而且有一种追求真理的大无畏精神。据说在雅典和麦加拉处于高度敌对的紧张状态时期，他常常穿着女人的衣服潜往雅典，目的只是为了能够听苏格拉底讲话。麦加拉派有一个基本观点，认为作为道德最高原则的“单纯的善”是真实的，而一切其他个别和特殊的观念都是不真实的。谁要不同意这一点，他们就用辩论来征服对手，用揭示对方矛盾的方法来使对手就范。例如他们著名的“谷堆论证”和“秃头论证”就充分表明了这一派在辩论中的机智。他们首先给对方提出问题：一粒谷子能否造成一堆？或者说：少一根头发能否造成一个秃头？答曰：不能。又问：再来一粒或再少一根怎样？答曰：还是不能。这个问题一直重复下去，总是问加一粒谷子或减一根头发如何。直到最后，对方被迫承认可以造成一堆谷子或一个秃头，即承认那最后加的一粒谷子或最后减的一根头发能造成一堆谷子或一个秃头。这就与开始的回答“加一粒谷子不能造成一堆，减一根头发不能造成秃头”自相矛盾。这样，对方的观点就不攻自破了。

柏拉图塑像

但是，柏拉图注意到这一学派有些论证是无聊且可笑的，例如：“你有一条狗，它是有儿女的；因此这条狗是父亲。因此你有一个父亲，它的儿女是狗；因此你本身是那些狗的一个兄弟，并且本身是一条狗。”

让柏拉图感受特别深刻的是，这一派善辩、敢辩，有时甚至是“强词夺理”，但辩论中的态度却是友善沉着的。据记载，欧几里德就是辩论时“最沉着的人”。有一次他和人争辩，他的对手大怒，因而叫道：“此仇不报，我宁愿死！”欧几里德很安详地答道：“如果我不能用充分的理由与温和的态度使你安静下来，那我就情愿死掉。”

柏拉图在麦加拉逗留期间，深受麦加拉派的影响。他从中得到的启示，是他们对事物的本质或共相的重视、强调和追求，是要找出事物真实的存在。而这种“真实的存在”，正是柏拉图梦寐以求要弄清的“道德本身”、“美本身”之类的东西，他尔后把它归纳为“理念”。

后来，柏拉图乘船来到非洲北部的昔勒尼。这里也有一个由苏格拉底的朋友和学生组成的学派，叫作昔勒尼派。阿里斯底波是这个学派的创始人。阿里斯底波与苏格拉底交游甚久，并且在他那里受到进一步的教养和熏陶；因为在他谒见苏格拉底以前，就已经是一个相当有决心、有教养的人了。他并不满足于苏格拉底关于善和美的一般谈论。他主张，个人的快乐和享受才是理性所寻求的唯一东西。与麦加拉派相反，昔勒尼派强调个别的，感觉到的东西是最真实的。那么，怎样才能得到感觉的快乐呢？阿里斯底波认为，快乐并不是随便什么人都可以真正得到的，它是以精神的和思想的教养为前提条件的，只有那些具备高度教养的人，才能获得快乐。这是因为，愉快地感觉到的东西，并不是直接认识到的，而只是通过反思，通过哲学思维才认识的。在这方面，他自己堪称楷模。

你知道吗

谷堆论证

欧几里德是古希腊麦加拉派哲学家，他提出了著名的诡辩论“谷堆论证”。一粒谷子能不能形成一个谷堆？当然不能。再加一粒呢？还是不能。再加一粒，再加一粒……直到最后加上一粒终于造成了谷堆。那么，多少粒谷子才算“谷堆”呢？一粒粒谷子加上去，到哪一粒谷子加上去才形成“谷堆”呢？假如断定300粒为一堆，那么299粒谷子是不是一堆呢？所以，一粒谷子不成谷堆又成谷堆。

有一回，阿里斯底波同友人游历到了西西里的叙拉古，成了叙拉古僭主狄奥尼修家里很受欢迎的宾客。他机智而洒脱，善于适应各种环境。一次，狄奥尼修向他吐了一口唾沫，这本来是一种侮辱，但他忍受着，全不在意。当别人感到不可理解并责备他时，他回答说：“渔夫们为了捕一条可怜的小鱼，不惜让海水溅湿全身；我为了捕一条大鲸鱼，难道不应该忍受这一点小委屈吗？”

在昔勒尼居住的那段日子里，柏拉图把昔勒尼派的思想与麦加拉派的观点进行了认真的比较，发现他们都各有自己的真知灼见。如果说，麦加拉派强调事物背后的那个“真实存在”，强调善的普遍性；那么，昔勒尼派则强调事物现实存在的“真实性”，强调善的现实内容——感觉上的快乐，而这种快乐的获得又是以哲学认识和思想教养为前提的。至于“快乐哲学”的另一个流派——犬儒派，他们把人的需要自然化、简单化作为最高原则，提倡像狗那样回到自然生活（衣食住行等），并身体力行，当然另作别论。

知识小链接

犬 儒 派

犬儒学派是古希腊一个哲学学派，由苏格拉底的学生安提西尼创立，这个学派的信奉者被称为犬儒。该学派否定社会与文明，提倡回归自然，清心寡欲，鄙弃俗世的荣华富贵；要求人克己无求，独善其身，近于中国的道家。最著名的犬儒学派人士是安提西尼的弟子狄奥根尼。

柏拉图一面研习现实的各哲学流派，一面思考，辨别真伪。他不仅弄清了苏格拉底各学派的思想发展，也探究了其他哲学派别的深刻洞见。例如，他游历到大希腊（南意大利）时曾十分虔诚地研究了毕达哥拉斯“数的哲学”，并在经济拮据的情况下用高价买了老辈毕达哥拉斯派的哲学著作。在此之前，他还研习了赫拉克利特的“流动”哲学、德谟克里特的原子论哲学等几乎所有的以往哲学。正是这种不倦的思索和探求，才使柏拉图有可能“站在巨人的肩膀上，比巨人看得更远”，取得更大的思想成就。

最博学的思想家亚里士多德

亚里士多德（前384—前322），柏拉图的学生，马其顿国王亚历山大大帝的老师。公元前335年，他在雅典办了一所叫吕克昂的学园，被称为逍遥学派。亚里士多德是古希腊哲学家中最博学的人。

亚里士多德像

亚里士多德师承柏拉图，主张教育是国家的职能，学校应由国家管理。他首先提出儿童身心发展阶段的思想；赞成雅典健美体格、和谐发展的教育，主张把天然素质、养成习惯和发展理性看作道德教育的三个源泉。主张“文雅”教育，使教育服务于闲暇。

亚里士多德一生勤奋治学，从事的研究几乎涉及所有的学科，并写下了大量的著作，有《工具论》《形而上学》《物理学》《伦理学》《政治学》《诗学》等。他的思想对人类产生了深远的影响。他创立了形式逻辑学，丰富和发展了哲学的各个分支学科，同时对自然科学的发展做出了巨大的贡献。

基本小知识

形式逻辑学

所谓“形式逻辑”就是指传统逻辑，狭义指演绎逻辑，广义还包括归纳逻辑，从思维的形式结构方面研究思维规律的科学。它总结了人类思维的经验教训，以保持思维的确定性为核心，用一系列规则、方法帮助人们正确地思考问题和表达思想，是人们认识世界和改造世界的必要工具。

◎启迪人生的经历

塑造一代大帝

公元前343年的一天，亚里士多德正在家里和妻子比提娅公主共进午餐，国王菲力浦派信使送来了一封邀请信。信上写道："我有一个儿子，但我感谢神灵赐我此子，还不如我感谢他们让他生于你的时代。我希望你的关怀和智慧将使他配得上我，并无负于他未来的王国。"很明显，这是马其顿王菲力浦邀请亚里士多德到王宫里去，专门教育王子亚历山大。对于这一邀请，亚里士多德欣然领受了。

作为父亲，菲力浦大帝决心要他的儿子在各方面都受到良好的教育，并替他拟订了一个远大的政治计划。从征战中获得的强大经济实力和坚实的人力基础来看，菲力浦确信兼并小国，统一希腊，指日可待。面对混乱和动荡的社会状况，菲力浦希望在动乱中建立一个秩序，将混乱的政治理出一个头绪。他要以全希腊作为政治中心，再向四方发展，最终治理全世界。

亚历山大大帝雕像

初入王室，亚里士多德尚无法适应新环境。王宫里充满了粗俗暴戾的气氛，不是一个哲学家修身养性的地方。菲力浦国王聪明过人，却缺乏良好的教养，他性如烈火，举止粗暴，说话惯用俚言俗语。他常说："俺是老粗，俺可不能叫儿子再当老粗。"当时亚历山大还是一个13岁的鲁莽少年，精力充沛得像个疯子。他是一个骑马能手，喜欢驯服别人所不能驯服的悍马，而他本人则像一头野性难驯的乳狮。不过智慧的亚里士多德有办法驯服他，最终使亚历山大变得有勇有谋。

亚历山大非常尊敬亚里士多德，他简直把亚里士多德当作自己的父亲看待。他曾经说："父亲赋予我生命，但赋于我生活技能的，却是另一个父亲。"据说，有一次亚历山大在写给亚里士多德的信中说："当善恶的知识和领土权势不可兼得的时候，我宁有善恶的知识，而不愿有领土和权势。"经过两年的哲学学习之后，亚历山大终于登上王位，在征服世界的疆场上驰骋了。亚历山大是人类历史上罕见的军事奇才，他在数年间南征北讨，攻城略地，建立了一个地跨欧亚非的马其顿大帝国，使整个世界打上了他个人的烙印。亚里士多德在多大程度上改变了这个有着野蛮血统的青年皇帝呢？

比起柏拉图对于狄奥尼修，亚里士多德在亚历山大身上，是找到了一个不同的、更有价值的学生。柏拉图关心的是他的共和国、他理想的国家，他和狄奥尼修建立关系，只是想通过他来实现自己的理想国。亚里士多德则完全不同，在他的面前，只有一个人，他的目标就是把这个人的人格培养和发展起来。因此，他极为认真地对待亚历山大的教育。对于亚历山大，亚里士多德不采用近代常用的教育王子的浅薄方法，他深知什么是真理，什么是真正的文化教育。

历史不在乎，亚历山大统一世界的雄心，是否由他的老师所激发；它所认定的是，亚历山大的功业在历史上具有重要意义。正如罗素所说："要不是他，整个希腊文明的传统很可能会早已经消灭了。至于亚里士多德对于他的影响，我们尽可能任意地猜想成我们觉得是最合情理的状况。"在黑格尔看来，在对亚历山大的教育里面，能够归功于亚里士多德哲学教化的是：亚历山大精神秉赋特有的伟大，他自然的本性，正是由于亚里士多德的教育而得到了内在的解放，并被提高到完满的、自觉独立的高度。

天使博士托马斯

托马斯·阿奎纳（约1225—1274）是中世纪经院哲学的神学家，他把理性引进神学，用"自然法则"来论证"君权神圣"说。他是自然神学最早的提倡者之一，也是托马斯哲学学派的创立者。他所撰写的最知名著作是《神学大全》。天主教教会认为他是历史上最伟大的神学家。

托马斯相信上帝所给予人类的启示可以分为两种：一般的启示和特别的启示。一般的启示可以通过观察上帝创造的自然秩序而获得，这样的观察可以通过逻辑思考而获得重要的结论。托马斯曾提出一个知名的“五个证明的方法”，用五个例子来证明上帝的存在。虽然人可以通过对一般启示的逻辑思考认知到上帝的存在，但有一些其他知识是要通过特别的启示才能得知的。在托马斯看来，耶稣基督显示了上帝的存在便是特别的启示之一。

拓展阅读

经院哲学

经院哲学是与宗教（主要指天主教）相结合的哲学思想，是教会力量占绝对统治地位的欧洲中世纪时期形成、发展的哲学思想流派，由于其主要是天主教教会在经院中训练神职人员所教授的理论，故名“经院哲学”。它的积累时期主要受柏拉图思想的影响，古典时期受亚里士多德思想的影响，但它并不研究自然界和现实事物，主要论证中心围绕天主教教义、信条及上帝。

◎启迪人生的经历

幽禁“托钵僧”

1244年，在意大利通往巴黎的大道上，几位身着白袍和黑色外套的托钵僧人，紧紧地簇拥着一位也是托钵僧打扮的青年人，急速地向前奔走。他们行踪诡秘、昼夜兼行，仿佛是一群黑色的幽灵。走到哪里，哪里就掠过一阵不安的骚动。要知道，那几位托钵僧人是大名鼎鼎的多米尼克会的修士。该会的宗旨就是“铲除异端，消灭邪恶，宣讲信仰，培养道德”。它在异端裁判中所实施的恶行，使人无不谈虎色变，不寒而栗。

被劫持的青年一直在倔强地反抗，他对这群骑士中的两位哥哥愤怒地抗议：“看在上帝的名义上，你们想干什么？”“凭着上帝的名义起誓，我们想使你的头脑清醒一点，迷途知返，不让你任性胡为，辱没了阿奎纳家族的声誉。”两位哥哥回答。

“你们要知道，我是以四海为家的托钵僧人，你们没有权利干涉我的行动。”他高声争辩着，但是无济于事。他挣扎着，可是寡不敌众。终于在哥哥的暴力挟持下，被押送到洛卡塞卡城堡里幽禁起来。

这位被劫持的青年人就是托马斯·阿奎纳。他是意大利贵族兰道夫伯爵的第七个儿子，德意志皇帝腓特烈一世的外甥。

托马斯·阿奎纳像

原来，托钵僧人和一般教士虽然都是上帝的奴仆，以信奉、服从、献身、禁欲为人生的价值目标，但是他们二者的社会地位、生活方式、宗教活动方式却有天壤之别。一般僧人是封建社会上流阶层的一种荣耀职业，是贵族子弟发迹的必经之途，由此可以爬上高级神职人员的显赫地位，身负上帝的使命，享尽人间的荣华富贵；而托钵僧人则是新出现的，与穷人为伍，以乞讨为生的巡回传教士，他们行为乖张，地位卑贱，身负宣传“清贫福音”的使命，却要忍受人世的全部苦难。

父亲不能想象贵甲天下的豪门之子竟像托钵僧那样鹑衣百结、赤足袒臂，因而非常愤怒。母亲吓呆了，情急中她恳求教皇，把儿子从“堕落”的幻梦中拯救出来。那不勒斯主教慨然应允，然而托马斯却无动于衷，仍然我行我素，并负气地逃离了家庭。于是，在通往巴黎的大道上演出了前述的劫持悲剧。

在幽禁的日子里，矢志拯救众生的托马斯面临着一场“拯救他灵魂”的家族战争。老伯爵恩威并施，想打消他出家的念头。托马斯矢志不渝。最后，老伯爵只得做出让步：“你坚持要过寺庙生活，我也没有办法，不过请你答应我最后一个请求：为了顾全家族的体面，你就去做基度山修道院院长吧！”可是托马斯十分执拗，他一口回绝："我不愿当领袖，只愿一生做主耶稣最卑贱的信徒。"

母亲泪眼蒙眬，泣不成声地规劝他说："亲爱的孩子，你要记住自己的皇家血统。你又怎么忍心撇下母亲，去过那卑贱的生活呢？"伟大的母爱拗不过他对上帝悲壮的专情，母亲含泪离开了。

孔武有力的兄弟们疾言厉色地训斥，拳棒交加地威逼，但托马斯仍岿然不动。父亲的威严，母亲的慈泪，兄长的暴力，都没有使托马斯动摇和屈服。他反而深深地沉浸在耶稣受难于十字架的悲壮激越的情感体验中，升腾起为信仰献身的决心。在幽静无聊的古堡中，他身着托钵僧人的白袍和黑色外套，读基督圣典和亚里士多德的名著，体味遥远而神圣的天国风情。

软硬兼施都失败了。兄长们想起伊甸园的亚当和夏娃。为了拯救托马斯那不安分的灵魂，兄长们反其意而用之，向他放出了蛊惑人类犯罪的"蛇"。

在寒风凛冽的冬夜，托马斯正面对壁炉烤火取暖。一位如花似玉、楚楚动人的少女款款来到他身边。她含情脉脉，妩媚动人。兄长们满心以为正值青春年少的托马斯看到这位天仙般的少女，定会心摇神移，不能自制，而将遗世遁俗的念头抛到九霄云外。谁知托马斯心如古井，波澜不惊。他顺手操起火钳，无情地把那位少女赶出了房间，然后在阴湿的墙壁上用手指画下了一个"十"字。据说这个"十"字指痕至今没有消失，向人昭示着圣徒的坚贞。入夜，他做了一个梦，梦见天使捆住了他的腰，以示永恒的贞操。奇怪的是，从此他对女人产生了莫名的恐惧，像躲避蛇一样躲避女人，除非出于某种迫不得已的公务需要。

托马斯矢志不渝的精神终于感动了兄妹们。在他妹妹的斡旋下，兄长们答应帮助他逃离古堡。在一个漆黑的深夜，托马斯被装进一个竹筐里，用长绳徐徐从城堡围墙上放至地面。兄长们或许没有想到：他们在洛卡塞卡城堡放下了一位拂逆家族厚望的忤子，而在未来的基督天空却升起了一颗神学新星！

现代实验科学始祖培根

培根（1561—1626），英国思想家、作家和科学家。这位一生追求真理的思想家，是英国唯物主义和整个现代实验科学的真正始祖。他在逻辑学、美学、教育学方面也提出许多思想，著有《新工具》《论说随笔文集》等。

培根的哲学思想与其社会思想是密不可分的。他是资产阶级上升时期的代表，主张发展生产，渴望探索自然，要求发展科学。他认为是经验哲学阻碍了当代科学的发展，主张打破“偶像”，铲除各种偏见和幻想，他提出“真理是时间的女儿而不是权威的女儿”。

培根的科学方法观以实验定性和归纳为主。他继承和发展了古代关于物质是万物本源的思想，认为世界是由物质构成的，物质具有运动的特性，运动是物质的属性。培根从唯物论立场出发，指出科学的任务在于认识自然界及其规律。不过，受时代的局限，他的世界观还具有朴素唯物论和形而上学的特点。

基本小知识

朴素唯物论

朴素唯物主义用某种或某几种具体物质形态来解释世界的本原的哲学学说，唯物主义发展的最初历史形态，是依据直观经验和比较粗浅的自然知识所作的理论概括，缺乏一定的科学论证和严密的逻辑体系，带有一些猜测的成分，因此它有直观性的特点。

◎启迪人生的经历

人生的转折点

1576 年，年仅 15 岁的培根怀着一展宏图的勃勃雄心离开了剑桥大学三一学院，作为英国驻法国大使埃米阿斯·鲍莱爵士的随员来到他向往已久的法国，开始了他的政治生涯，这是他人生的第一个转折点。

当船离开了喧哗的码头驶进英吉利海峡的时候，培根迎风站在船头向前方眺望。虽然眼前是水天一色，茫无际涯，但他的思绪却早已飞越了海峡，翱翔于欧洲大陆的上空，计划着未来：详尽地考察欧洲诸国的各类事物，结交各地的名流，深入研究各国的政治、法律、宗教、教育、文化、风俗等等，增长自己的政治才干，丰富自己的实际经验……他怀着研究法国、服务于英国的情怀踏上了异国的土地。

到了法国，培根就立即着手实施他的计划。他关注着欧洲大陆各国的政情，特别是法国的政治斗争和宗教斗争，留心收集各种材料，并用这些材料写出了《欧洲政情记》，剖析了党派斗争和宗教斗争的起因和教训，表达了他的政治统一和信仰自由的主张。

不料，当培根在仕途刚刚迈出第一步的时候，厄运降临：他的父亲尼古拉突然病故。这时培根到法国尚不足 3 年，刚满 18 岁。他被迫中止了在驻法大使馆的工作，回国奔丧。

培根像

尼古拉在经济和政治两个方面都来不及为培根准备好他所需要的遗产就溘然长逝了，培根顿时陷入双重的困境。培根有同父异母弟兄 5 人，他所得到的五分之一财产不足以维持他原来的生活水平，加之他生性奢华，所以从此以后一直没有摆脱债务的困扰，到他去世的时候，他的财产只值 7000 英镑，而欠债则达 2.2 万多英镑。政治方面，他既不能世袭职位，又无权世袭爵位；女王似乎忘记了他，而身为国务大臣的姨父又嫌弃他；他在政治上比在经济上更加艰难。

丧父之后，青年培根面临着又一个人生的转折点。

面对英格兰的冬天和比冬天还冷酷的人世，培根需要精神支柱，这种精

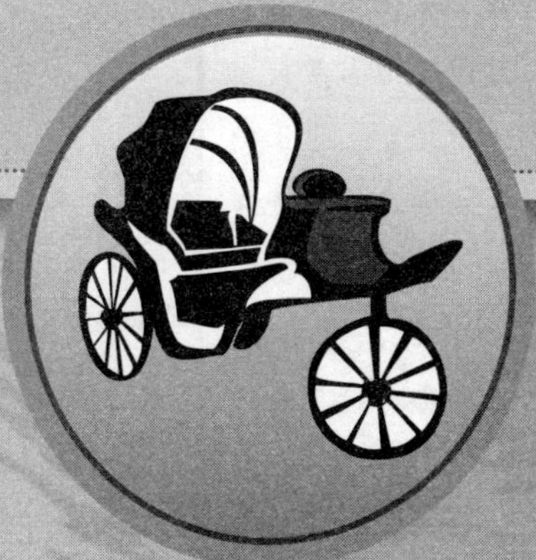

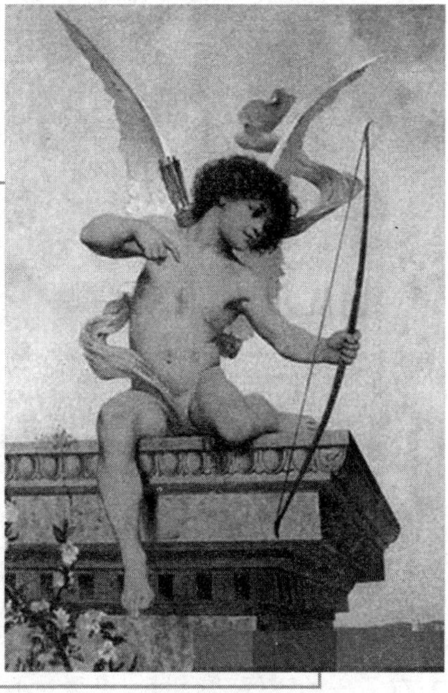
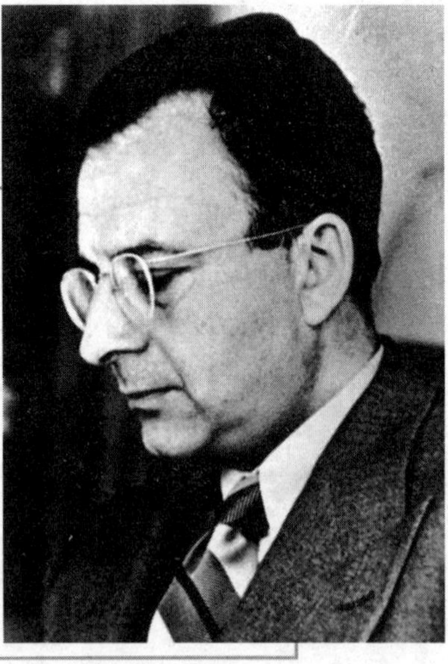

快乐悦读——哲学知识

揭示人生的真谛

KUAILEYUEDU ZHEXUEZHISHI

人生的真谛到底是什么？这也是许多哲人探问了很多年的哲学话题，仔细倾听一下他们的心声，你一定会有很多收获。

人生的发动机——理想

人生是追求理想的一种运动。但丁说：“人生来是为了高翔。”

理想不仅构成个人和人类追求的目标和方向，而且为人们描绘了一个玫瑰色的远方。在那里，自我将得到实现，潜能将得到发挥，人们的手能够触摸到自己努力的成果；也就在此时，人生道路上的疲惫和痛苦，被证明是值得忍受的。

借助于想象和梦幻，理想超越了现实。也许，人们的理想很高很远，而不是简单地返回过去和修补现在，因此也许难以实现，但是，在追求理想这一创造性活动中，人们将赢得人的尊严和创造自己的本质，人生也因此充实而富有意义。

应该说，每一种理想都是自由心灵的精心之作。在理想中，人们尽情地美化未来，自觉地选择和崇尚自己将要献身的价值，并因此获取奋斗的信心和力量。人类价值的向度本来就不多，它们之间的排列组合形成了各种理想的差异性。选择一种理想，便选择了一种想象和梦，同样也就选择了一种价值的组合，因而也就选择了一种人生。

基于政治、经济、文化乃至个人趣味上的原因，人类已有了多种多样的理想模式，当然还将会有更多。每个人都有权利选择

广角镜

但 丁

但丁（1265—1321），意大利中世纪诗人，出身于佛罗伦萨贵族世家，担任过佛罗伦萨最高行政长官，后因政治因素被当局流放，终身再未回到佛罗伦萨。也正是这种经历，使他完成了举世闻名的代表作品《神曲》，该书被誉为中世纪文学的巅峰之作，并作为文艺复兴时期的先声之作。但丁、莎士比亚与歌德，并称为世界三大文学巨匠。

自己的理想，只要他的人生道路不妨碍他人的生活。实际上，正是理想的多向抉择才真正揭示出人类价值的多元性和人性的复杂性；甚至，理想观上的悲观主义和虚无主义从特殊的意义上来说，也不失其对人类发展的意义，因为它显示了人类存在所受到的限制和生存的某些荒谬性。

当然，理想有科学和非科学之分，其依据的价值也有高低之别，科学的理想应该有现实的根据，而其依据的价值应该属于相当高的精神层次。理想要驱除人们心灵上的幽暗，激发人的主观能动精神，去占有一切值得占有的价值，实现崇高的人生目标。

◎ 寻找人生的“金羊毛”

如果将理想视作每个人渴望的人生终点，那么现实就是人生的起点，是生命之舟停靠的岸。

古希腊神话中有个金羊毛的故事：一群英雄告别熟悉的故土，驾着船，战胜大海的暴虐以及自己内心的胆怯，去寻找传说中的金羊毛。这个故事是个原型故事，哲人尼采的“超人”理想即以古希腊英雄为原型。人生便是一次航行，每个有追求的人最终都会超越故土般的现实，去追寻金羊毛式的美好理想，哪怕生活的海洋中风暴不断。理想总在现实的对立面上，理想主义者总把现实评判为痛苦、不幸和匮乏，而作为彼岸世界的理想总是那么欢乐、幸福和充实，就像金羊毛那样金光灿灿。面对理想，便是面对哥伦布船队刚刚发现的新大陆。这里面蕴含着幻想、梦想，但最终却意味着现实痛苦的解除、不幸的摆脱、匮乏的补充。理想是一种超越，超越的意义就在于对现实不如人意处的克服。

存在主义者萨特便认为，人的存在本是虚无，只有在行动和选择之后才能获得意义。我们每个人都处在现实的社会关系之中，用德国哲人马丁·海德格尔的话说，就是人是被“抛”入这个世界的；但是人性和人的本质却要求我们挣脱现实对我们的束缚和限制。罗素说：“如果要使生活成为完全是人的生活，它必须为某种目标服务，这种目标在某种意义上似乎是在人的生活以外的，就是某种目标，它是非个人的和超出于人类的，犹如上帝或真理或美。”这些目标就是未来的可能；上帝或真理或美，也许是最好的可能，因此这也就是理想。在心理机制上，康德有个发现，即未来生活的希望产生于每个人心中存在的情感。

人心甘情愿地追逐理想，“宁愿遭受自由的风暴，也不愿享受奴役下的安宁。”（法国革命家罗伯斯庇尔）动物的生存是本能的，人则是追求着——既满足自己的思想欲望，更追求自己的精神发展。在追求之中，人们看到自己的价值和力量，发现自己作为人所拥有的理性和自由，尼采便在追求中发现自己“更敏感了，更淘气了，对快乐有了更精微的趣味，对一切美好事物有了更温柔的品尝，有更活跃的感官，冒险而又无辜地置身于快乐，同时却又更稚气，百倍地狡黠了”。理想正是以其诱人的自由和美好，展示出人们未来可能的辉煌和光荣。鲁迅在最悲观的时期，还这样说：“我们所可以自慰的，想来想去，也还是所谓对于将来的希望。”

拓展阅读

马丁·海德格尔

马丁·海德格尔（1889—1976），德国哲学家，20世纪存在主义哲学的创始人和主要代表之一。出生于德国西南巴登邦弗赖堡附近的梅斯基尔希的天主教家庭，逝于德国梅斯基尔希。

在时间坐标上，理想总定位于未来；它是人们对未来最美好状态的预见和设计。可能，也正如许多理想主义者已经做的那样，就是用五彩笔尽情地描绘理想世界的美好和灿烂。佛家对人生是够悲观的，但他们对其“净土”的描绘非常美妙：“衣服饮食，花香璎珞，缯盖幢幡，微妙音声，所居舍宅，宫殿楼阁，称其形色高低大小，或一室二室，乃至无量众室，随意所欲，应念即至。”这种美化是合理的，其合理性基础不在于人类的胡思乱想和想入非非，而在于现实正缺少这些美好。就像金羊毛以其对幸福的象征激起希腊英雄们的冒险的勇气，理想也以其美好引导着生活的旅人超越现实去追求明天。

基督教的理想便是个极端，它的天国是超现实的。为此，面对末日审判的是人的灵魂，能够获得拯救的也只是人的灵魂。而不给丑恶和带有泥土味的人的肉身以任何永生和荣耀的机会，并最终确立精神性价值永远的和绝对的至高地位。

类似于“吃什么补什么”的中医原理，理想对现实的超越有着强烈的针对性。在哥特人劫掠下的罗马，满目疮痍，圣·奥古斯丁便在此时写下《论上帝之城》，用精神上的希望填补已被毁灭的物质财富。在“耕战为本”的春秋战国年代，百姓忍受着战争和苛政的痛苦，孔老夫子及其门徒驾着马车，风尘仆仆于中原大地以宣扬其“克己复礼”的理想，力图使当时社会再现他理想中的那种温情和人道。在19世纪末，随着尼采的一声“上帝死了”，欧洲的信仰危机和价值危机被全方位地展示到世人面前，尼采在那时提出的审美人生理想，就要求人们像古希腊的英雄那样，即使人生如梦，也要有滋有味地做这个梦，以不失人生的欢悦和乐趣；即使人生是痛苦，也要有声有色地演好这出悲剧，以不失人生的壮丽和快慰。

知识小链接

圣·奥古斯丁的《论上帝之城》

圣·奥古斯丁最著名的一书《论上帝之城》在一定程度上就是针对这种指责为基督教所作的辩护，但在该书中还包含着一种完整的历史观，一种后来对欧洲发展有巨大影响的历史观。奥古斯丁表述的观点认为罗马帝国无足轻重，罗马市和地球上的其他任何城市都是根本不重要的，真正重要的是“上帝之城”的发展——换言之即人类精神的进步。

人便在这超越现实和追求理想的过程中，创造着进步的自己，创造着进步的人类史。人的本质力量是人理性地控制外在世界的能力，它以人追求理想的形式不断外化；因为理想中新自我和新社会的实现使人的这一创造性力量获得表达。人的历史，不管是个体的还是人类的，便在自身这一本质性力量展现过程中获得进步。当然，理想各具特点，进步也展现出不同的意义和水平，但正如恩格斯所言，人的各种追求构成一个平行四边形式的合力，最终推动了历史的发展，即每个追求理想的意志，“都对合力有所贡献，因而包括在这个合力里面的”。

恩格斯像

弗朗西斯·培根，英国思想家，也是一位伟大的理想主义者。他喜欢这样一句铭言：一艘船越过世界的尽头，驶向未知的大海，船上悬挂着几个字“超越极限”。这艘船就是古希腊英雄们去寻找金羊毛的那艘船，极限指的是现实的界限，而超越正需要借助理想的力量，理想以其可能性消解了对现实的消极默认。

你知道吗

康帕内拉的《太阳城》

康帕内拉1622年在狱中写成的《太阳城》一书，是具有深远影响的空想社会主义著作。他在书中采用对话体裁，描绘出一个根本不同于当时西欧各国社会的新型理想社会。在这个社会里，没有剥削，没有私有财产；人人劳动，产品按需分配；太阳城里实行“哲人政治”，只有大智大慧的“贤哲”才能担任最高管理人（称为太阳）及其助手；教育与生产相联系，存在脑力劳动与体力劳动的差别。这一设想对后来的空想社会主义者有一定的影响。

◎心灵制作的精品

历史上，思想家们曾经为人类的未来社会做了种种设计，他们以其伟大的灵感和高度的热情丰富了我们对未来理想的想象。其著名的，如仅限于西方文明而言，有柏拉图的“理想国”，弗朗西斯·培根的“新大西国”，康帕内拉的“太阳城”，哈林顿的“大洋国”等等。也许，对于这些设计和想象，即使这些思想家本人也无法把握，如古代犹太思想家曾对人间天国做了许多大胆和天才的设计，其实现却总寄希望于弥赛亚式的超自然人物的出现。但是，他们思想的独创性和想象的建设性体现了人类的本质，他们所钟爱的天国、圣岛、乌托邦超越了现实的极限。自然，他们在设计了社会的同时也设计了人，儒家的“内圣外王”便要求仁人志士们以“修身齐家治国平天下”的途径来完善小我和大我。

毋庸置疑，这些思想家对未来社会公正、友爱、和平、富裕和幸福的设计，必须借助富有想象力的心灵。德国哲学家费希特在《人的使命》中便告诉我们：“只有心灵的改善，才导致真正的智慧。”应该说，人类应该为历史上那些伟大心灵的存在而感到庆幸：人的自由首先是心灵的自由。那些伟大的思想家正是以其过人的胆略和天赋捷足先登，预先在理想的世界中畅游了一番，从而为人类发现了现实生活之外的生活可能。

正因为心灵的想象可能超过事变的自然过程，也可能完全跑到任何事变的自然进程永远达不到的地方，所以，这些伟大的思想家才能在荒原中看到乐园的存在，他们也才会不吝笔墨为这一乐园竭尽歌颂之能事。罗素说：“凭着跟不朽的东西相接触，凭着我献身于把一些神圣的东西带到这个烦恼的世界里来，我们甚至于现在就可以使我们的生活成为创造性的，即使在暴虐、斗争和仇恨的四面包围之中也可以做到。”显然，不朽和神圣的东西只存在于自然进程永远达不到的地方，如果我们要超越现实，也就是说要使我们的生活富有创造性，自然需要心灵的想象，需要它的幻想和梦。

马克思认为幻想有助于人性的丰富发展，列宁曾抱怨过，“这样的幻想在我们的运动中未免太少了”。确实，如果说人类是通过理想飞离大地的，那么幻想则是理想的翅膀。在幻想中，现实的种种限制被“悬置”了，人间的种种不幸被“滤去”了。幻想是梦，梦自有其慰藉作用——许多人是“以一个梦游者的自信来走我的路”的。幻想和梦总是最美最纯的，人性的丰富和发展正相对于现实的匮乏，幻想和梦正呈现出理想的完美。就理想具有幻想和梦的特征而言，理想也就具有艺术的特征。德国哲人布洛赫指出，艺术便是一种白日梦，如果现实的匮乏不能被克服，那么在艺术中，幻想性也就不会被遗忘，甚至不会被作为未来形象的欢乐所拥抱。这一点，可从理想主义者大多愿意以诗一般的语言来表达其理想中窥见一斑，泰戈尔便是一个例子。

列宁像

康德说理想是“完善规定之原型”。这一完善是心灵借助想象、幻想和梦精心制作出来的，以至于理想的各个局部和细节都那么动人，那么富有创造性。在《乌托邦》一书中，托马斯·莫尔具体而细微地描述了一个理想社会，其中竟有婚前检查的优生制度以及计划生育制度。当然，作为心灵的制作，理想不可能是可以触摸的物质，而仅仅是语言的表达。具有象征功能的语言是心灵制作的原材料，也许，它对未来的象征性描述会造成远远超出人类能力的过高理想。但是，“生活在理想世界，也就是要把不可能的东西当作仿佛是可能的东西来对待”（歌德语）。歌德此语可能略显悲观，中国古代则有“取法乎上得乎中，取法乎中得乎下”之论；西方也有此论，如罗素说：“对绝大多数人来说，现实生活是一个持久求其上乘而得其中乘的漫长过程，是理想和可能性之间恒久的妥协……”本来，人的发展同其理想的高低成正比例，恰如《中庸》中所说：“君子之道，辟如行远，必自迩。”

“哀莫大于心死，而人死亦次之”。人如果不放弃他的本质力量，不放弃他的未来，他们也就

广角镜

泰戈尔

泰戈尔是印度诗人、哲学家和印度民族主义者，1913 年他成为第一位获得诺贝尔文学奖的亚洲人。他的诗中含有深刻的宗教和哲学的见解，对泰戈尔来说，他的诗是他奉献给神的礼物，而他本人是神的求婚者。泰戈尔的诗在印度享有史诗的地位，代表作有《吉檀迦利》《飞鸟集》。

决不会放弃心灵对理想的追求；在这一点上，并没有唯物和唯心的分歧。“人生最苦痛的是梦醒了无路可走”（鲁迅语）；放弃了对理想的心灵追求，也就放弃了人对未来的想象、希望和梦，世界除了简单的复制将无所谓目标。就这点而言，放弃心灵的追求也就意味着人放弃了自己异于禽兽的理性特征，其意义自然无从谈起。法国作家加缪在其《西西弗斯神话》中对荒谬的人生这般品说：“他的流放无所补救，因为他被剥夺而失去了故园的回忆和对乐土的希望；故园和乐土都可成为人的理想，失去它们也就永远地丧失了生活的理想和目标，人生将被荒谬和无意义定义，心灵也就会为黑暗所笼罩。”理想毕竟不是梦想，它可能成为改变现实的强大力量，所以罗素说：“思想的力量，日子长后。毕竟要比任何人的力量都大，凡是有思想的人和想象力能依照人的需要而思想的人，就迟早有可能实现他们的理想，虽然不一定在他们生前就能够实现。”这就是一位理想主义者对自己心灵追求的自信。

◎人生价值决定于理想抉择

希腊哲人毕达哥拉斯说，人生就像庞大繁杂的奥林匹克运动场，一些人在那里摩拳擦掌，努力夺锦标，一些人在那里做买卖牟利，还有一些人则东逛西荡除了旁观以外无所事事。

理想的抉择，也就是选择自己委身的价值，就像奥林匹克运动场上人选择不同的事来度过同一段时间。恰如美国哲学家宾克莱在《理想的冲突》一书中所说的，一个人在对他能够委身的价值进行探索时要遇到许多竞相争取他信从的理想。理想自然蕴含着价值，它们或以完整齐全取胜，或以重点突出取胜。总之，各种各样的理想通过各种语词打扮得花枝招展，吸引着我们的视线；试图使我们相信，它所信奉的价值才是健全人的价值。

基督教的理想曾经是西方社会的主流理想，其根本点就是重返伊甸园，回到那“他们将得到欢欣和快乐而忧愁和叹息将消失得无影无踪”的天国。在天国中，上帝的爱和人类的爱到处闪现；每个人都勇于无私地献身，都具有谦恭和负责的美德；战争和凶杀将永远地消失，一切仇怨都得到化解。这是一个巨大的乐园，每个人都能在其中安全和平地生活。至于迷途的人们，上帝及其委派的牧师的惩罚是无情的，恐惧会使他们返回到乐园里。天国崇尚正义、公道、博爱与和平；正是对这些基本价值的信奉，使得基督教天国理想至今仍具魅力，不仅构成了西方社会发展的背景性因素，而且成为无数现代乌托邦的灵感源泉。

基本小知识

乌 托 邦

乌托邦是人类思想意识中最美好的社会，如同西方早期“空想社会主义”。西方一位学者提出的空想社会主义社会：美好、人人平等、没有压迫，就像世外桃源。乌托邦式的爱情也是美好至极的。乌托邦主义是社会理论的一种，它试图借由将若干可欲的价值和实践呈现于一理想的国家或社会，而促成这些价值和实践。一般而言，乌托邦的作者并不认为这样的国家可能实现，至少是不可能以其被完美描绘的形态付诸实现。

出于社会整合的需要，每种文化都有崇尚至善价值的伦理理想。基督教的天国理想为一例，中国儒教的“内圣外王”理想又是一例，只不过它们之间有绝情入圣和缘情入圣的区别。世上也有放弃文明而重归自然状态的理想，如中国老庄的“小国寡民”理想:“甘其食，美其服，安其居，乐其俗。邻国相望，鸡犬之声相闻，民至老死不相往来。”老庄的理想社会是一个原始氏族社会的拷贝和翻版，也许老子和庄子见多了春秋战国时代在仁义旗号下的征战讨伐，从而怀疑道德完善和知识进步对人类生存的意义。“柔能克刚”是老庄的哲思，更是他们在乱世自我保存的生活经验。

理想是对现实的超越，是对现实匮乏和不足的否定，因而追求理想的人一般总要给现实一个否定性的评价；否定得愈是厉害，对人生的看法自然愈是悲观。佛教思想便是彻底否定现实人生的，以它的话来说，就是“三界无安，犹如火宅”。但是佛家也有其理想，那就是无欲无求、无执无着、清净透明的涅槃境界。在那里，人生的烦恼痛苦灭绝了，生因死果中断了，轮回流转解脱了。作为人生烦恼和无常的克服，涅槃就是寂静和永恒，这就是佛家理想的价值取向所在。叔本华这位西方悲观主义大师在自己的文化中颇感孤寂时，曾将热情的眼光投向佛教这一东方的智慧奇葩。根据他的理解，佛教涅槃理想便是要人达到自动克服欲求，处于与世无争的冷漠状态；佛教大、小乘虽然在个人彻底解脱还是人类整体解脱上有分歧，但基本价值取向并无差异。固然，我们知道，即使不争和冷漠，这种状态的达到，也是佛教徒们对可能所作的选择的结果，而他们认为这种可能是最好的。

吐舌头的爱因斯坦

美国哲学家威廉·詹姆斯告诉我们"理想是活的可能"。有具体的环境、具体的人，因而也有了具体的需求、具体的实践。皮尔士、詹姆斯和杜威这些实用主义大师们认为，世界上本不存在普遍价值和共同的理想，特别是在我们这个时代——许多事物需要用"相对"来定义，对统一理想的宗教性笃信已成为一种传统故事，根据进化论"适者生存"的观点，任何价值和理想都应是人类适应环境求得生存和发展的工具。这一观点决定了价值不应从外部强加于人，而应从实践者——他们总处在特定的存在境况中的实际需要中投射出去，就像传统西方人、中国人和印度人根据其不同的价值需要分别选择基督教天国理想、儒教"内圣外王"理想和佛教"涅槃

趣味点击　爱因斯坦的趣事

爱因斯坦的著作《相对论》内容非常深奥，很多科学家都看不懂。有一次，一群大学生嘻嘻哈哈地纠缠着他，要他用通俗的话，解释一下什么是"相对论"。他神秘地眨了眨眼睛，微笑着说："你坐在一个漂亮的姑娘旁边，坐了两个小时，觉得只过了一分钟。如果你紧挨着一个火炉，只坐了一分钟，就觉得过了两小时。这就是相对论！"

寂静”理想。人类基本价值的排列组合可以构成无数种理想，但人们总是根据其需要选择着理想，选择着他们可以投身的价值。

与此相似，爱因斯坦指出“人生是一种冒险”，价值和理想的抉择也是一种冒险。“没有什么科学方法来证明一种理想是对的，而其他各种都是错误的”，因为人的需要是复杂的，受各种各样因素的影响。实际上，世界上也没有一种哲学能够穷尽人类所有的价值尺度，用英国哲学家以赛亚·伯林的话来说，就是“真善美不可兼得”；然而，虽然“每个人眼前都有一个目标，这个目标至少在他本人看来是伟大的”（马克思语）。于是，哲人们告诫我们，每一种理想的实现也许都将是世界得救过程中的一个契机；因此，也可以这么说，人的问题不在于确定什么样的永恒或终极理想，而是不断地冒险和追求，去尝试新的可能和获得新的价值，使自己成为全面发展的人，使自己的人生显示出越来越高的价值和越来越富有魅力的风采，从而使自己对社会的完善、文化的发展做出越来越大的贡献。

人生最美丽的花朵——爱情

◎万物的统领

爱的体验对人类精神成长的影响是巨大的。中国古代第一部文学作品《诗经》开篇便是歌颂爱情的诗篇：“关关雎鸠，在河之洲。窈窕淑女，君子好逑。”

知识小链接

《诗 经》

《诗经》是中国最早的诗歌总集，诗的源头叫歌谣。《诗经》原本叫“诗”，共有诗歌305首，因此又称“诗三百”。从汉朝起儒家将其奉为经典，因此称为“诗经”。汉朝毛亨、毛苌曾注释《诗经》，因此又称《毛诗》。《诗经》中的诗的作者，绝大部分已经无法考证。

爱情作为一种奇妙的体验，首先表现在它所产生的令人难以置信的力量上。它使人身不由己，整个身心被一种强烈的情感完全支配。历来许多哲人把它称为生命的原动力，古希腊著名的三大悲剧作家之一欧里庇得斯称爱情“是万物的唯一统领”。柏拉图说：“恋人的心永远不会舍弃他追求的偶像，他把自己的偶像看得比任何人都重要……过去曾一度引以为自豪的为人处世的准则，如今都嗤之以鼻；并且不论何时何地，只要得到许可，他都会像外人那样静卧在意中人身旁，且挨得越近越好，意中人就是他崇拜的偶像，也是唯一能减轻他的痛楚的医生。”

这种征服一切的爱的体验，是与人类的生命紧密地联系在一起的。它是生命中一个极重要的构成，使人的平凡的、微不足道的生命具有美的、神奇的感受，使人的生命呈现绚丽的色彩，亦使生命更加丰富、勃发，更富有意义。黑格尔说：“爱情构成生命的一个环节，没有这个环节的生命是残缺的。”

厄洛斯是古希腊时代传说中的爱神，当地母该亚在混沌的深渊中诞生时，厄洛斯和她一起出世，从此厄洛斯便主管着宇宙中各个分开的部分的结合，天地间种种事物的诞生都是由她干预的结果。

爱神厄洛斯

在古希腊，厄洛斯有时直译为“爱”，但它的词意介于爱和欲望之间，它是指所有生灵在本性上驱使自己朝着目标前进的任何冲动，并且又特属于人类的结合与占有的冲动本能。柏拉图在对话录《会饮篇》中通过阿里斯托芬之口，以一个寓意深长的神话来解释人类所具有的厄洛斯现象。阿里斯托芬说，原始人是一种“圆球状”特殊物体，他有四只手，四条腿，有观察相反方向的两副面孔，一颗头颅，四只耳朵。由于他比现在的人更强健有力而且更有智慧，因此他们威胁着诸神的霸权。宙斯决定把这种人劈成两半，从而解除了威胁。从此以后，人仅仅是原来的人的一半。在人的身体被分成两半后，人们走遍世界去寻觅那能和他们重新合为整体的存在者。

人是由于其理性而高于动物，从现象来说，人类的爱情并不是停留在生物本能的层次上，它还有社会伦理文化的追求，爱情的自然属性正是以社会属性来规范和调整的。

◎柏拉图式爱情

自柏拉图开始，情爱就被划分成两种，即高尚的爱和世俗的爱。柏拉图认为并非所有的爱都值得称赞。他认为，“只有那种抱有崇高目的的爱才是既崇高又值得赞叹的”。这种崇高的爱完全出于理智的选择，当在选择他做自己的伴侣时，恋人所想的是忠贞不渝、白头偕老，而不是利用他们、欺骗他们、耍弄或是朝秦暮楚。这样的爱情才能达到心灵的和谐。

纯粹的柏拉图式的爱情是不存在的，即使在最崇高的爱情中也有肉欲的成分。现代英国思想家、政治活动家罗素指出，回避自然的东西只是以最病态的形式加强它的兴趣，因为愿望的力量同禁令的严厉程度成正比。

美国思想家弗洛姆

◎心心相印是责任

完全被爱的激情所支配、陷于爱的迷狂的人，伴随而来的是对对方的责任。当一方把爱给予了另一方，也就使另一方有了一种责任，同时，接受对方的爱，也就承担了对对方的责任。

爱不仅仅是个体的事情，单相思并

没有构成完整的爱情。完整的爱情是互爱，它发生在两个人中间。这样在人与人之间发生了关系，爱的情感是一种与他人相关的情感，即是与他人的生活感受、生命情趣相连的情感，这就必然要与对方产生多种多样的联系。由爱的情感联结起来的与异性的关系，是需要自觉的责任感维持的。人对爱的精神意蕴如果有深入其质的理解，就会意识到爱的责任。

弗洛姆在他的《爱的艺术》中十分明确地阐述了爱的内涵。他指出，爱并不是不学而能，不学而会的。要会爱就要懂得爱的知识，要懂得爱的知识，首先就要懂得爱是什么。弗洛姆认为，人们一贯把爱看成是“被爱”，看成是“接受”，而不是看成“去爱”，这些人不是立足于自己本身去爱，而是寄希望于别人来爱。针对这种情况，弗洛姆提出，爱是主动地给予，而不是被动地接受。在爱的过程中，一个人将什么东西给予了另一个人呢？弗洛姆认为，给予了他自身之物，给予了他所具有的最宝贵的东西，给予了他的生命。但这并不一定意味着他为另一个人而牺牲了自己的生命。他给予另一个人的是他生命的活力，他给予另一个人的是他的欢乐，他的旨趣，他的理解，他的知识，他的幽默，他的悲哀，给予了他的生命活力的全部表达方式和全部证明方式。这样，在给予他的生命时，他使另一个人富有起来，通过提高自己的生命感，他提高了另一个人的生命感。爱就是心的碰撞，内心世界的交流，并且是以自己对生命和生活的热爱去燃烧起另一个人对生活的热爱，充实另一个人的生命的。

弗洛姆又指出，这种给予就是关心、责任、尊重和认识。他认为，爱是对我们所爱的对象的主动关注。他认为，照顾和关心

你知道吗

弗洛姆的“自爱”

弗洛姆认为，爱是一门艺术，要求人们有这方面的知识并付出努力。他认为自爱不是“自私”，自爱是爱他人的基础，对自己的生活、幸福、成长以及自由的肯定是以爱的能力为基础的，这就是说看你有没有能力关怀人、尊重人，有无责任心和是否了解人。如果一个人有能力创造性地爱，那他必然也爱自己，但如果他只爱别人，那他就是没有能力爱。

包含着爱的另一方面，即责任。责任不是从外部强加于人的东西，是一种完全自愿的行动，是我对另一个人的需要——表达的或未表达的反应。而责任又是与第三个因素——尊重相联系的，如果在爱的过程中没有尊重，责任就会很容易地堕落为统治和占有。责任意味着尊重，而尊重则意味着关心另一个人，使之按照本性成长和发展。没有尊重就没有爱。尊重就在于尊重他的独立性，希望我所爱的人以他自己的方式，为他自己而不是为着服务于我的目的而成长和发展。爱不是统治，不是占有，爱是把人当人看待，以信任来交换信任。弗洛姆认为，爱还有一个因素，即认识。他认为，没有认识就不可能尊重，没有认识的引导，关心和责任将是盲目的。弗洛姆此处的“认识”有着特定的意义。在他看来，认识就是爱。认识深入到了核心，既发现了对方，也发现了自己。

从弗洛姆对爱的基本因素的分析来看，核心因素就是责任。这个责任可以用弗洛姆的另一句话来表达：爱，本质上是一门意志的艺术，一门决定以我全部的生命去承诺另一个人生命的艺术。可见，爱的责任是一份十分艰难的责任，只有具备这种深重的责任感，才会去真挚热烈地关心和尊重所爱的人。爱使一个人的肩头负起了两个人的命运。

为什么活着——人生目的

◎上帝留下的未竟之业

法国近代思想家蒙台涅曾分别对亚历山大大帝和苏格拉底进行思想提问的实验。蒙台涅说，如果有人问亚历山大，他能做什么，他一定会回答说“征服世界”。而若把这同一问题考问苏格拉底，他则将会回答“活得像一个人”。这里，蒙台涅给了立下赫赫战功的马其顿国王和最终饮鸩而死的古希腊大哲学家一次对话的机会，而这次对话的意味早已超出了“能做什么”的问题本身，实际上是对人生意义进行一次探索。在这一臆想的对话中，苏格拉底必然要诘问亚历山大：“那么，你征服世界是为了什么呢？”看来，人在行动之前必须先认识人生的真面目，以“活得像一个人”。蒙台涅因此而赞赏苏格拉底的回答是“更具普遍意义、富有影响而合情合理的”。

那么，人怎样才能“活得像一个人”呢？这一看似同义反复的问题其实可以这样提出：人生的真面目是什么呢？几乎自人类具有自我意识以来，这一问题就每每被人追问，也出现了许许多多的答案。然而，这一问题又总是悬而未决，被视为难题。如陈独秀就有这样的感慨：“人生之真相，果何如乎？此哲学上之大问题也。欲解决此问题，似尚非今世人智之所能。”陈独秀不仅把人生的真相问题归结为哲学思考的一个大问题，而且断定就今天人类的智力而言，这个问题是断不可解决的。于是，揭示人生的真面目的问题就很有些知其不可为而为之的味道了。

有趣的是，在这同一问题上，冯友兰先生却做出了一个与陈独秀正好相反的回答。在其著作《一个新人生论》中，冯友兰否定了人生真面目之成为问题的可能。冯友兰以为，人生就是人自己的“举措设施”，人的一举一动都是人生，舍此，更无别的所谓人生之真相。所以，“‘吃饭’是人生；‘生小孩’是人生；‘招呼朋友’也是人生；艺术家‘清风明月的嗜好’是人生；制造家‘神工鬼斧的创作’是人生；宗教家‘覆天载地的仁爱’也是人生。……问人生是人生，讲人生还是人生，这即是人生之真相”。具体的人生就是人生的真面目，如果在这具体的人生之外还要求一个抽象的本质的人生真相，倒有点像那个“郑人买履”的故事了。明明实在而具体的脚就在郑国人自己的身上，他却还要去找寻他的脚的“真面目”，这岂不是本末倒置吗？所以，冯友兰称在具体的人生之外再找一个人生的真相为“骑驴觅驴”。

基本小知识

冯友兰介

冯友兰，字芝生，河南唐河人，著名哲学家，1924年获哥伦比亚大学博士学位，历任中州大学（现在的河南大学）、广东大学、燕京大学教授、清华大学文学院院长兼哲学系主任，西南联大哲学系教授兼文学院院长，清华大学校务会议主席，北京大学哲学系教授，其哲学作品为中国哲学史的学科建设做出了重大贡献，被誉为“现代新儒家”。

然而，冯氏并不以为他这么一来就完全化解了人生真相、人生真面目作为问题的存在。他意识到，当陈独秀问“人生之真相，果何如乎”时，陈氏真正所问的并不是人生之真相“如何”——是什么，而是问人生之真相“为何”——为什么。这里，冯友兰感觉到了“人生之真相”这一问题中语词所不能尽的深深的底蕴，这种底蕴实发自人的天性之中。而对于人生的解释，对于“人生为什么”的回答，可化为两个问题，即人生的原因和人生的目的。其中，前者可以存而不论，人们真正所要问的乃是人生的目的。由是观之，不管对于人生目的本身的看法怎么样，欲揭示人生的真面目，“活得像一个人”，就不得不考虑人生的目的论问题。

冯氏对于人生目的采取相当简慢的态度，他不仅不赞成规定整个自然界的目的论观点，而且不主张对于人生目的的执着或曰积极的态度。冯氏认为生活就是一切，所谓的人生目的则“天机”不可泄漏。而若强说人生有目的的话，那也只能谓人生目的为“生”。“自然而然地去生”是一般人的生活方式，人们并不会去问人生的目的是什么。从“生”之中硬抽出一个人生目的或于“生”之中另找出一个人生目的，反倒是对自然的本来面目人为地破坏。冯氏进而以为，即使没有人生目的，找不出人生之所为，人生没有意义规定，也完全无碍于自然，无碍于人生的完成。

与冯友兰的自然主义态度相反，人类的天性似乎要求某种人生目的的存在，这种要求常常源于人们对自己的处境的思索。物理学家爱因斯坦就曾深深地被人类的处境所触动，他说：我们人类在这个地球上的处境似乎有点不可思议，我们之中每一个人都只是来此作短暂居住的旅客，我们不知道为什么要来这里，不过有时候我们似乎可以推测确有某种目的存在。爱因斯坦是一位具有极其开阔的思想视野的科学家，他的相对论不仅开创了科学史的新世纪，而且也是对人类思想史的划时代贡献。而就是这样一位伟大的科学家，当他思索人类的处境与命运时，却怀有一种不可言喻的深深的目的论情怀。毫无疑问，这是一种能够感动人的真诚的情怀，一种可以让人肃然起敬的情怀。也许，爱因斯坦的心中所萦绕的是某种对于人的意义的追问，某种可以使人生发亮的东西。

实际上人类大思想家中关心人生目的的人还是不少的，在爱因斯坦之前两百年，法国启蒙思想家卢梭也曾被人生的处境深深触动。在其名著《爱弥儿》中感叹道：“所有的人生来都是赤条条地一无所有的，任何人都是注定要死的。做人的真正意义正是在这里，没有哪一个人能够免掉这些遭遇。”在卢梭看来，这是人的生存的遭遇，是人类所无法更改的宿命。但是，卢梭断言，人类可以说是诞生过两次，“一次为了生存，另一次为了生活”。

从“生存”的角度来说，人的出生、人的死亡构成了或者说决定了人的一切，这是做人的“真正意义”。但是，如果真是如此的话，这种所谓的意义本身肯定也是最没有意义的，谁也不会承认人的真面目就在这种无奈的意义之中。因此，相对于“生存”，卢梭以“生活”作为人的第二次诞生。于是，作为一个完整的人，就不仅有肉的诞生，而且还必须有灵的诞生。可以说，人的第二次诞生是人生的意义的诞生，人生的目的的诞生，人生的真正的开端是超越“生存”的“生活”。

拓展阅读

卢梭的《爱弥儿》

卢梭的教育思想是从他的自然人性观出发的。他认为，人生来自由、平等；在自然状态下，人人都享受着这一天赋的权利，只是在人类进入文明状态之后，才出现人与人之间的不平等、特权和奴役现象。《爱弥儿》全书共分五卷，卢梭根据儿童的年龄提出了对不同年龄阶段的儿童进行教育的原则、内容和方法，如逐步上升进行的体育教育、感官教育、智育教育、德育教育、爱情教育。这种分阶段进行教育的思想，无疑是一大进步，但这种分期以及把德、智、体教育截然分开施教的方法是不科学的。

科学家的本能冲动和思想家的睿智断言在心理分析学家那里似乎得到了冷静而清晰的解释。美籍德裔心理分析学家、社会学家弗洛姆在《人类的新希望》一书中，分析了人的处境及其寻找人生目的的必然性。弗洛姆声称，人生而为自然之畸形儿：一方面，人是自然的产物，并最终归于自然，但是，另一方面，人的精神、人的意志的存在又使人超越了自然。因此，这一自然的畸形儿不可能听命于生物界所服从的本能原则。但是，人又不能没有使之如有家园之感的行为原则，不然，他就无法逃脱彻底的无助、迷失方向和无根之感，不可能逃脱发疯的命运。人必须去找寻决定行为的种种原则，并以这些原则来代替本能原则。这些原则也就成了人生的方向坐标。

创造人生的华章

◎ 创造是人的价值

创造是人类文明的源泉。汤因比在区别原始社会与文明社会时指出：在原始社会里，模仿的对象是当时活着的老一辈人和已经死了的祖先，因为他们代表着习惯的堡垒；而在文明仍在生长的社会里，模仿的对象却是那些打破了常规的富有创造性的人物。汤因比的意思是非常清楚的，文明的产生既取决于创造性的人物，又取决于模仿创造性人物的一般民众。归根结底，文明的源泉是创造。

火是自然界存在着的，但是钻木取火却是人类的创造。正是火，这个人类的创造物，推动了人类从野蛮状态向文明状态的跃进。火药、指南针、造纸术、印刷术的创造发明是中国文明的象征，埃及文明可以用金字塔的创造奇迹来说明。

罗曼·罗兰像

创造是推动历史发展的根本手段。人类历史发展的动力，从根本上说是生产工具的发展，而生产工具的发展又是以人类的创造为前提的。任何一项技术，任何一项先进发明的创造都与人的聪明才智分不开。所以爱因斯坦曾说，要是没有能独立思考和独立判断的有创造能力的个人，社会的向前发展就不可想象。

世界的面貌正飞速地变化着。一个半世纪以前，人们才发明了蒸汽机；20世纪初，人们才把飞机送上天，但没有想到仅仅半个世纪以后，人们却创造了卫星、飞船，使“登月览胜”、“蟾宫折桂”的神话变成了现实。

创造是人的存在方式。罗曼·罗兰曾说，生命的第一个行动就是创造。人的降生就是创造的产物，这不是指人的肉体的产生，而是指人作为人的产生。人的肉体存在是不能改变的事实，但是一个人成为什么样的人，却是他自己创造的结果。英雄是自己造成的，懦夫也是自己造成的。存在主义的人的存在先于他的本质之说，在这个意义上是正确的。席勒说人有了大目标才会自然而然地伟大起来。这个大目标就是个人创造力的凝聚，它指出了人们生活的根本方向。

知识小链接

罗曼·罗兰的艺术成就

罗曼·罗兰的艺术成就主要在于他用豪爽质朴的文笔刻画了在时代风浪中，为追求正义、光明而奋勇前进的知识分子形象。在提到艺术风格时，他表示除了“诚恳”二字，他不希望别人承认他有什么别的优点。他是一个有广泛国际影响的作家，也是著名的社会活动家，一生为争取人类自由、民主与光明进行不屈的斗争。他的小说特点，常常被人们归纳为“用音乐写小说”。可以说，他是传记文学的创始人！

人是从两个方面进行创造的。首先创造出一个属于自己的自然。人没有老虎的利齿，没有雄鹰犀利的眼睛，也没有羚羊奔跑的速度，但人却能够生存下来，没有遭到自然的淘汰，归根结底就是因为人的本质是创造。他创造了一个自己能在其中生活的世界。人煮熟食物，进行烹调，创造出饮食，从而没有利牙，也能够保持健康的体魄；人发明了望远镜、显微镜以弥补人类视力的不足；人们创造出汽车、飞机等来提高人类运动的速度……如此种种，都是人类的创造，它们延伸了人类的肢体，使人类成为最能适应环境的创造物。其次，人类还创造自己精神的、主体的世界。他们创造了社会、历史，在社会中依赖共同的规范，进行交往；在社会中，人成为目的，获得尊严、自由。人们还创造出一个艺术的世界：音乐、绘画、电影等等。在艺术中，人们的精神得到了充分的发展，创造力得到了空前的发挥。它既是创造的结果，反过来又论证了人的创造本质。因此，通过创造，人保持了生命的意义，充实了生命的内容，获得了生命的价值。

◎ 创造是独立人格的基础

创造是一种向前开拓的活动，它可以斩断外物，包括外部的精神枷锁对人的束缚，使人真正成为有自主意识的社会存在物。

人当然首先是物质的存在，他要满足自己的物质需要。但生命的意义不取决于肉体的存在，而是依赖于生命精神的不断更新、创造。在生活中，人们拼命地追求物质财富，以为有了宽敞的别墅，豪华的汽车，名贵的服装，活着就有了意义。然而，如果没有创造活动，当他拥有了这些物质财富时，在最初的兴奋后他很快就会陷入无聊、苦闷，对这一切再也不感乐趣。超越物质羁绊并不否定人的生物性存在，并不是对自然生命的鄙视和抛弃。血肉之躯永远是生命的基础和精神的载体。正如蒙台涅所言:“我并不期望生命应该只是不食人间烟火的精神组成。”但他又说:“人类伟大而光荣的杰作就是知道如何恰如其分地生活。所有其他东西，君临天下，腰缠万贯，大兴土木等等，至多也只是微不足道的附属品与支撑物而已。”因此，当我们超越了功利的欲望时，我们才真正地领悟了生命的真谛。我们应当追求精神的生活，这是生命的意义所在。我们正是在创造的过程中，才确证我们的价值，寻到了欢乐和幸福。

真正的人深谙他的本质和潜力，成为创造者，而不盲从权威，也不完全受自己的非理性热情主宰。创造者没有狭隘的精神故乡、不变的思想家园。在他们看来，占有等于禁锢。他们看重创造精神的张扬和永存，切实地创造自己。如罗素所说，拥有旨在创造而非占有精神的人自有一种特别的快乐，这种快乐不是任何艰难困苦的环境所能剥夺的。这是世界上所有杰出的思想导师所宣扬的人生哲学。选择了这种人生观的人是无所畏惧的，因为他们认为人生中最可宝贵的东西不是世俗权力所能伤害的。

创造也是人生的自我超越，一个从无到有的过程，它是一种突破。这就要求创造者敢于告别和叛离原有的、熟悉的习惯、思维方式和价值观。如果因循守旧、故步自封，就谈不上创造。创造思想、科技、艺术的前提是创造者的自我创造，超越原有的思想境界，超越原来的那个自我。哲学家康德超越了自己早期遵循的传统哲学的思维方式，把围绕着物、对象旋转的哲学转变为围绕着人这个中心旋转的哲学，实现了哲学上的哥白尼革命。维特根斯坦在其一生中，不仅超越前人，而且超越自我，创造了两套迥然不同的哲学理论。因此，爱因斯坦认为，人的一生应当具备两种素质：孜孜不倦的坚毅精神和随时准备推翻你花许多时间和心血得来的东西。

创造是同勇气与宽容相联系的。一切创造都是发明前所未有的东西，没有前人作为样板，没有现成的道路可供选择。因而创造意味着风险、挫折、失败。这就要求创造者拥有极大的勇气，不怕风险、挫折、失败，执着于自己的目的。创造也是对旧的权威、教条的冲击。往往旧的势力总是对创造横加阻挠。

1600年宣传哥白尼学说的布鲁诺被宗教裁判所处以火刑。发现人体血液循环的科学家哈维也被教会视为异端烧死。即使在环境较为宽松的时代，创造也常常受到忌妒、非议、打击。因此，创造是一个艰难的历程，勇气是创造者必备的人格要素。真正的创造者还具有开放的心态、宽容的精神。在创造自己的世界时，并不排斥其他世界的存在，并且要尽力吸取和利用别人的思想、理论、经验和方法，不然难以成功。创造和专制、独裁水火不容，它本质上是多元的、开放的，尊重他人的创造，同时也维护了自己的创造。

并非成就伟业才称之为创造，实际上创造一个平凡的、美好的生活方式也是创造，并且这种平凡人的创造也推动着文明的进步。它提倡的是对生活的一切领域尝试着采用一种新颖的态度、新颖的方式，以获得新颖的感受、新颖的乐趣。例如一位妇女，没有受过教育，是个典型的家庭妇女和母亲，她每日所从事的家务劳动没有一件能称之为创造性的工作，但她却成了奇妙的厨师、慈爱的母亲、贤惠的妻子和能干的主妇。她在她所从事的事情上，全都运用了她的创造力，力求做到细心、精巧、新颖和完美。这难道不是一种创造吗？所以，马斯洛曾精辟地总结说："第一流的汤比第二流的画更有创造性。"

因此，创造作为人的存在方式及其存在的展开，构成了独立的人格的基础。因为创造是与意志、自由、超越、勇气、宽容紧紧联系在一起的。每个人正是在创造中实现了自我，获得了独立的人格，确证了自己的价值。创造的目的，就是要展示一个全新的生命肖像和生活姿态。

规避人生的陷阱

要从这个世界上找出一个一生都一帆风顺的人来，大概是"难于上青天"的了。荆棘确实布满了每一个人的人生旅程。对于每一个涉足艰辛人世的人来说，如果不能正视这些艰难曲折，则人生处处是陷阱。

错误和挫折本身并不是陷阱，《老子》中说："祸兮，福之所倚，福兮，祸之所伏。"但得了福不知祸所系，沾沾自喜，不思进取，本来是动力的成就与荣耀就因为自满成了陷阱。

人生路途上可能遇到的艰难险阻并不是陷阱，只要人们发挥主观能动性，可以化不利因素为有利因素。《周易·坎卦》之"彖"辞言："地险，山川丘陵也。王公设险，以守其国。"人间任何艰难险阻在富有创造性的人面前都可转化为促进事业的因素，所以它们不是人生路途中的陷阱。

所谓人生陷阱就是指包含着危险但人们以为太平无事的地方，稍有不慎人们在此就可能失败；也指那些对人们很有吸引力的东西，或一般人在一生中常有的趋向，如不加注意，极有可能使人犯错误。孔子说："君子有三戒：少之时，血气未定，戒之在色；及其壮也，血气方刚，戒之在斗；及其老也，血气既衰，戒之在得。"他把好色、好斗、贪财视为人生三大陷阱。显然，孔子并不把人生中"血气"之三种状态本身视为陷阱，而把人们对待它们的态度视为犯错误的原因。这是很有道理的。因为自身及外部世界的情况无比丰富多样、错综复杂，它们对于个体的种种意义完全取决于个体自己对它们的认识和态度。如果缺乏自觉性，完全被外物和自己某种心理状态所支配，那么世界任何一种事物都可能成为人生途中的陷阱。

归根结底，陷阱只是指人身上的弱点而言。一个人如果不能正确对待自己的缺点，它就成了陷阱，成了人生征途上的绊脚石；反之，如果一个人加强自己在思想、品德、情操等方面的修养，能正确认识自己，勇于承认并且努力改正自己的缺点错误，他将是无往而不胜的。包括生理缺陷在内的一切外部不利条件，在一个具有伟大、高尚的心灵和健全人格的人看来，都何足道哉！人最大的依靠、最大的救星是自己，然而人最大的敌人也是自己，人只要能战胜自己，就能战胜一切。

松下幸之助像

开创松下电器公司的松下幸之助先生把自己成功的秘诀归结为如下三点：出身贫寒、学历低下、体弱多病。正是这三个常人认为是极为不利的条件造就了一代“经营之王”。松下幸之助出身贫寒，但他从小就有重振自己家业的强烈愿望；他只读到小学四年级就辍学了，但他本着“三人行，必有我师”的原则拼命学习；他经常卧病不起，但这磨炼

广角镜

松下幸之助

松下幸之助是日本著名跨国公司松下电器的创始人，被人称为“经营之神”——“事业部”、“终身雇佣制”、“年功序列”等日本企业的管理制度都由他首创。

了他的意志，他担心自己的事业不能发达，不能领导潮流，所以经常抱病工作，并且下决心实行松下公司独特的经营方法。松下幸之助成功的原因，归结为一句话，那就是《周易》上说的“君子以自强不息”。

所以，想要实现自我，创造一个美好的人生，首先是提高知识水平，确立正确的思想方法，培养高尚的道德情操，锻铸健全的独立人格，树立远大的人生目标。总之，人需要积极向上的人生态度，唯此人生的航船才能避开一座座暗礁、一道道急流。

然而“人非圣贤，孰能无过”？没有任何缺点，不犯任何错误，不经任何挫折的圣人、超人是没有的。一个人在努力完善自我的过程中，仍然会时时伴随着诸多不足，这就需要细细地省察，逐一克服。

快乐悦读——哲学知识

指点人生的智慧

KUAILEYUEDU ZHEXUEZHISHI

也许你会说:“时代不同，人生自会不同”，但我们必须抱持一种基本的态度，就是博采众家、为我所用。面对无法摆脱的困境时，学一学儒家的积极进取；面对太多的诱惑时，学一学道家的飘逸洒脱；面对邪恶的威胁时，学一学佛家的超脱生死；面对陈腐落后时，学一学个人主义的张扬个性。

积极进取的儒家

儒家的人生哲学，渗透到中国人的思维方式和行为规范中，比较能代表中国人的民族性格。经过两千多年的发展，它早已成了当今世界几种主要精神传统之一。尽管其中也有“三纲五常”等消极的内容，但是它推崇自强不息的精神、重视气节、讲究礼仪、崇尚仁爱，所有这些都能指引人们去创造一个美好的、卓越的、多彩的人生。

◎仁者爱人

孔子在建构他的人生理论大厦时，将“仁”当作奠基之石。孔子及其后继者曾经提出过多种道德规范，但“仁”始终处于核心地位。仁是众德之首，众德之纲，它是儒家人生哲学这棵大树的根。

“仁”包含着广泛的内容，既包括礼智义信勇，又包括温良恭俭让，还包括后来的忠孝节义等等。按照《论语》的基本精神，“仁”的核心含义乃人与人之间的相亲相爱。

在孔子看来，人与人之间的相亲相爱的情感就是人之为人的本质所在，它不仅是处理人与人之间关系的准则，而且是处理人与社会乃至人与自然之间关系的基本准则。社会的安定和平，人与人之间的和谐共处，人与自然之间的协调一致，都是靠爱来维系的。这种情感根除任何功利目的，摒弃冷静的理性态度，它完全是发自内心的虔诚，无条件地服从心灵的绝对命令。

如果“仁者爱人”仅止于此，其价值就是十分有限的了。事实上，“仁者爱人”还有更深的含义。孟子说:“亲亲而仁民，仁民而爱物。”“亲亲”，就是爱自己的父母，爱自己的兄弟姐妹；“仁民”就是爱民、惠民、利民、养民、富民、安民、教民，这和“老吾老以及人之老，幼吾幼以及人之幼”是一个意思。“爱物”是指把人生来就有的相亲相爱的自然之情，推及宇宙一切事物。由亲子顺亲的自然情感出发，最终达到人与人的相亲相爱，人与社会与自然的内在和谐。在儒家眼里的“仁爱”乃是一种主客交融、物我两忘、天人合一的无差别无矛盾的境界。

孔子塑像

当然，孔子并没有抽象地谈论“爱人”。孔子说“爱人”关键在于实行“忠恕之道”。何谓忠恕？“己欲立而立人，己欲达而达人”是谓“忠”；“己所不欲，勿施于人”是谓“恕”。换句话说，为人处世不能仅仅从一己私利出发，光替自己打算。孔子及儒家所提倡的是，为人处世要时时处处替别人着想，自己不愿做的事，就不要勉强别人去做；自己想活得潇洒愉快充实，想干一番事业，就应当想到别人也会有类似的追求，所以要想办法帮助别人与自己一同去努力。

除了内省和外推的办法，孔子还提出了一种“回避”的方法，让人们“非礼勿视，非礼勿听，非礼勿言，非礼勿动”。于是，就有了许多关于礼的规定，如果遵守这些规定就可以保证“仁”的实现，就可以达到“仁”的境界。“礼”本来是一种由人确立的社会秩序、关系和准则，它表现为一定程度的规范性和强制性，这与追求内心自觉的“仁”在形式上是对立的。但是，孔子眼里的“礼”是人的内在本质的外在表现形式。和人的本性是一致的，所以循“礼”而行，并不妨碍人提高人生的境界，相反，循礼而行正是人完善自我道德的必要前提和条件。把内在的自觉的“仁”和外界的强制的“礼”结合起来，相互补充，就可以达到儒家所追求的人生理想境界。

儒家的人生理论确实有幻想的成分，有不切实际的地方。但是，孔子“仁者爱人”的理论确实表达了人类的永恒关切，反映了人类内心深处对爱的渴望，所以不仅在当今中国的普通百姓中，而且在现代西方哲学中，也得到热烈的响应。

◎自强不息

在孔子眼里“人道”重于“天道”。事情总是人干的，干好干坏责任在人不在天。事在人为，这是孔子为人处世的基本信念，也是他创立的儒家人生哲学的基本特点。孔子把事在人为的信念转化为自强不息、刚健有为的精神，这一精神渗透在他学说的方方面面，又贯彻于他生命之始终。

孔子认为人的天分有高有低，但只要愿意求知，愿意学习，就可以“有为”。只有那些天赋平平，又不思进取者，才是“朽木不可雕”的冥顽。孔子很有自知之明，认定自己是学而知之者，天分并不高，因此，他勤奋好学，学而不厌，不耻下问，善于以别人为师，学习别人的长处和经验，以弥补自己先天的不足。他说，我15岁立志学习，希望成为道德高尚、对社会有用的人，经过积累和思索，30岁就确立了对人生、对社会的基本见解，40岁时自己的见解更清晰、更坚定了；50岁时明白了人之为人的本质所在，60岁时学问修养更见功夫，好话、坏话都听得进去，不因为人家说好听的而沾沾自喜，也不因为人家说不好听的而生气，这不是麻木不仁，而是把一切都看清楚的冷静；70岁时，我的一言一行都合乎道德规范，达到了随心所欲而不逾矩的自由境界。这段自述正是孔子自强不息、刚健有为的生动写照。

仁者爱人，这是儒家提出的极高的人生目标：仁人既要克己，又要爱人；既要己立、己达，又要立人、达人；既要“己所不欲，勿施于人”，还要“非礼勿视，非礼勿听，非礼勿言，非礼勿动”，这是否很苛刻呢？孔子认为能不能达到仁人之境界，全靠自己努力，任何人只要依靠主观自觉努力，坚持刚健有为、自强不息的精神，就完全可以达到“仁”的境界，成为仁人。所以孔子说“我欲仁，斯仁至矣”，孟子说“人皆可为尧舜”，荀子说“涂之人可以为禹”，王阳明说“满街都是圣人”，都是对孔子这个“为仁由己”思想的发挥。不仅“为人由己”，而且“人能弘道”，把“仁”弘扬光大，推而广之，也是仁者的责任。孔子的一生就是自我竭力求“仁”的一生，又是他力图以“仁”救世的一生。

无论做学问，还是个人修养，治国平天下，都必须自强不息，自己努力，发挥主观能动性，否则，就会走向反面。“知其不可为而为之”，在孔子看来，可不可为是客观可能性问题，而为不为是主观态度问题。孔子认定，有志者事竟成，努力了，即使没能达到目的，乐在其中；不努力，坐等变化，就可悲可怜了。

孔子倡导并终生躬行的刚健有为、自强不息的精神，在后儒们的身上多有体现。孟子面对混乱的现实宣称:“如欲平治天下，当今之世，舍我其谁?”强烈的责任感、使命感和自信心催生了干一番事业的豪迈。荀子的思想是对老庄自然无为思想的反动，因而比孔子更强调有为。重人不重天，这一点孔、荀一致，但荀子不赞成人适应天，而要使天服从人，“人定胜天”就是他有为思想的集中表述，它与西方的“人是万物的尺度”的思想惊人地相似。孟子把与天地合流视为人生的最高追求，庄子把与天地并生视为人生的最佳境界，荀子则认为，人类生活的最高目标是与天地参。所谓与天地参，就是要人主宰自然，改造自然，“制天命而用之”。孟荀之后，儒家有重大变化，但刚健有为的经世风格没有变，即使宋儒大谈“格物穷理”、“明心见性”之时，仍念念不忘治国平天下的宏愿。

儒家一脉相承、代代相传的刚健有为、自强不息的精神，在中华民族几千年的历史发展中几经波折，不仅显示了儒家人格理想中积极的方面，而且构成了中华民族的民族魂，形成了中华民族的民族精神。《周易》中“天行健，君子以自强不息”；“地势坤，君子以厚德载物”，从两个方面概括了这种精神的精髓。前者强调刚健有为、生命不息、奋斗不止；后者表明刚健有为并不是恃才傲物、目空一切、天马行空，而是“海纳百川，有容乃大；壁立千仞，无欲则刚”。刚健与宽容，有为与大度的有机结合，是中华民族精神和儒家弘毅进取的人生哲学的真谛所在。

◎ 浩然之气

对生的烦恼和对死的恐惧是人类共有的人生体验，这恐惧烦恼一言以蔽之，源于人类自身的有限性。现代西方存在主义哲学家说“烦、畏、死”乃人生基本的生存情态。如何解脱这困扰人的灵魂的烦恼、恐惧之情？佛家叫人割断尘根，道教叫人修炼成仙，儒家的独有方法是：引导人们跳出狭隘的时空限制，沟通有限与无限，与天地合流，个体在瞬息万变、五光十色的现实生活中追求超越的真、善、美，不断提高自己的精神，完善自己的人格，从而实现自己的人生价值。

孟子认为人的本质就是宇宙的本质，因此，人生的最高境界是天人合一，在这个境界里，展现于人们面前的就不再是狭隘的生活视野和短暂的生命流程，而是永恒的、波澜壮阔的生命之流和宏伟、绚丽的人生大舞台。平庸单调、枯燥乏味的生活被丰富多彩、生趣盎然的生活所取代，人生就能趋于无限和永恒。

孟子认为，通向理想人生境界的道路尽管漫长曲折，但任何人只要通过一番艰辛的磨炼，靠“养浩然之气”，就可以打破壁垒，完成人格的突变，进入人生的理想境界。

“敢问夫子善乎长？”曰：“我知言，我善养吾浩然之气。”“敢问何谓浩然之气？”曰：“难言也，其为气也，至大至刚，以直养而无害，则塞于天地之间。”（《孟子·公孙丑上》）

孟子的“养气”说，实际上是一种锻炼人的意志和身体素质的方法，它是人的某种意志、信念的高度集中和凝聚。此时，人的身心成为意志和信念的凝聚体，而意志和信念也找到自己的物质载体。“养气”就要“先苦其心志，劳其筋骨，饿其体肤，空乏其身，行拂乱其所为。所以动心忍性，曾益其所不能”。也就是说，在逆境中磨炼自己顽强的意志，养成大无畏的精神和百折不挠的性格。

其实，“浩然之气”是一种超越情怀。“至大”是对个体渺小的超越，是对个体存在短暂的超越，而“至刚”是对个体意志懦弱的超越。当人们仰望长空，那闪烁的群星似乎在诉说，宇宙茫茫无际，无始无终，地球不过是无穷宇宙间的一粒微尘，而繁衍生息在这颗小小地球上的人类，更是微乎其微，不足称道；自然界的雷鸣电闪、山崩地裂、阴晴雨雪、夏往冬来，又似乎在提醒人们，这世界奥妙无穷，而“人生有涯，其知无涯”；错综复杂、瞬息万变的社会又告诉人们，天有不测风云，人有旦夕祸福……这一切常常会使人感到个体的渺小和卑微。原始人对图腾的崇拜，西方基督教中的原罪观念及对上帝的礼赞，中国古代对“天”的膜拜和祭祀，都是人类自卑意识的外在表现形式。然而哲学家们力图打破人类的自卑，促成人的自强和超越。孟子的“浩然之气”实际上就是希望通过艰苦环境的磨炼使个体跃升到一个极高的人生境界，从而根除人类心灵深处的自卑感。

知识小链接

原罪

原罪一词来自基督教的传说，它是指人类生而俱来的、洗脱不掉的“罪行”。《圣经》中讲：人有两种罪——原罪与本罪，原罪是始祖犯罪所遗留的罪性与恶根，本罪是各人今生所犯的罪。

孟子不仅要求人们懂得“小我”的有限与卑微，而且更重要的是让人们树立一种“至大至刚”的精神支柱，“至大”者超越有限，厚德而载物；“至刚”者刚柔相济，自强而不息。诚然，人的形体和生存空间相对于茫茫宇宙是极其有限的，人的生存的时间相对于“逝者如斯夫”的时间之流又是非常短暂的，但是，人的精神力量是无限的。人的精神发展的潜在的可能性是无限的。当人们通过修炼、通过集义、通过悟道，培养出“浩然之气”，就能使人的精神意志实现“至大至刚”，从而超越人的形体和生存空间的有限性，就能越过世间种种精神的和物质的障碍，把过去、现在和未来连成一片，就能与宇宙同呼吸，与人类共命运，变成一个“富贵不能淫，贫贱不能移，威武不能屈”的顶天立地之人。

当代伟人毛泽东的“雄关漫道真如铁，而今迈步从头越”，以及“学不胜古人，不足为学”，“自信人生二百年，会当击水三千里”等等，也是孟子呼唤的“浩然之气”在现代社会中的卓越表现。正因为毛泽东把小我主体的种种局限加以超越，使自己进入了“不管风吹浪打，胜似闲庭信步”的自由境界，所以成为搏击人生风云的强者。

◎ 乐天知命

孔子说："君子坦荡荡，小人常戚戚。"孔子眼里，笑着面对生活还是哭丧着脸打发光阴，是君子与小人的一条分界线。"坦荡荡"迎接生活中的成功与失败、顺利与挫折、所得与所失，是儒家所提倡的人生态度。"乐天知命"便是这种人生态度的高度概括。

乐天知命并非指安于现状，一切都听凭命运支配的麻木不仁的人生态度。这与郑板桥说的"难得糊涂"并非要人做糊涂人一样。儒家的"乐天知命"是提倡一种积极的、向上的、潇洒的、审美的人生态度，它力图创造集真善美为一体的人生境界。

儒家赋予"乐天知命"以丰富的意蕴。"乐天"源于"知命"，不"知命"便无"乐天"可言。"知命"就是理解、践履仁义礼智顺善之心。儒家把实践仁、义、礼、智、信的价值观念视为顺"天命"，即看成为自己必须承担而绝不能推卸的做人的责任。能知天命，就可以做到"仁者不忧，智者不惑，勇者不惧"，把所遇到的贫贱屈辱、艰难困苦看成是对自己信念的考验和对意志的磨炼；就可以沉稳处事，宽厚待人；就可以心胸坦荡，宁静淡泊，不为物欲所惑；就会产生惊天地、泣鬼神的巨大精神力量，做搏击人生风云的强者。儒者是这样认识的：如果一个人从根本上理解了仁德乃天之所命，是人之为人的本质，那么他就找到了"安身立命"之处，他就不会产生失落感、忧愁感，不会因为一时一地的得失、成败而烦恼，不会因为社会的动乱、生活的甘苦、个人的荣辱、生命的安危而扰乱自己的人生追求。

乐在"与人同"、"与物同"、"与无限同"。因为在儒家看来，万物只是一个理，这个理融合了人生天地。人心具有了这个天理，就可以达到"仁者浑然与物同体"的境界。摆脱了名利物欲的羁绊，人的心胸就广如天空，阔似海洋，权势地位、荣华富贵就会像天空中的浮云，因此心胸永远是光风霁月，而且"达则兼济天下，穷则独善其身"，——作为一个与天地同体的人，在“达”时就要发愤图强，造福社会，不骄不躁，兢兢业业；在“穷”时则应独善其身，好自为之，努力创造条件以求时来运转。无论“穷”“达”，理想不变，志向不改，希望不灭。

儒家“乐天知命”的人生态度，即使在今天亦有其价值。但“乐天知命”说起来容易，做起来却难。睿智超常的孔夫子尚且“五十而知天命”，世间凡夫俗子大概只有徘徊于知与不知之间。不过，孔子昭示的并不是天命不可知，他希望人们有信心努力去知命。自由是对必然的认识和改造，孔夫子“七十而从心所欲不逾矩”，追求的正是一种自由境界。

◎忧患意识

儒家不仅喜欢讲“乐”，而且又重视“忧”。把“忧患意识”与“乐天知命”连为一体，是儒家人生哲学的显著特色。就像儒者之乐不同于俗人之乐一样，儒家之忧也与俗人之忧有霄壤之别。

忧患自远古始已成为中华民族的一种普遍心态。只是俗人忧，常常表现为患得患失，畏首畏尾，是所谓“小人常戚戚”。而儒者之忧抛开了个人的恩怨得失、荣辱进退，是忧天下之兴亡、百姓之困苦，忧文明能否延续、风气是否淳正。概括而言，儒家的忧患意识是对世道人心、国家兴亡、人类前途的一种关怀。这种知、情、意统一的心理状态，始终是指向真善美的统一的崇高理想的，只要他们感到这三者还有缺憾，与理想有距离，忧患就不能根除。

孔子是提炼升华忧患意识的第一人。他乐的是个人生活的平淡，知足者常乐；忧的是天下苍生。心怀忧患，往往比别人站得高，看得远，想得深。因此“居安思危”又是孔子忧患意识的题中之义。所谓“忧患”并不仅仅指面对黑暗、苦难、不幸才产生的意识，相反，即使身处太平盛世，个人诸事顺心，也要看到被人们忽视或潜在的问题、潜在的危险、潜在的不幸的萌芽，不能盲目乐观。这是以天下为己任者的忧患。“安而不忘危，存而不忘亡，治而不忘乱”，“居安思危，思则有备，有备则无患”，这些格言式的教诲，即使在今天仍然具有价值。

孟子丰富和发展了孔子的忧患思想。“生于忧患死于安乐”，这不是吓唬人，而是孟子对人生、对历史全面总结后的结论。无数事实证明，贪图安逸，耽于享受，不思进取，会毁了一个人。出身贫寒，所处环境恶劣的人，往往能在艰难困苦的奋斗抗争中增长才干，磨炼意志，变得有出息，有建树。国家兴衰更是如此，历朝开国之时，帝王们都知道江山得来不易，因此励精图治，勤俭建国；而到社会安定、百姓富足的所谓盛世，往往是走下坡路的开始。个体生命的发展，乃至国家兴衰存亡，都与忧患意识密切关联，这是孟子的一大贡献。他的第二个贡献是给忧患意识增添了“民本”思想内容。孟子之前就有爱民思想，就儒家而言，孔子谈得最多的是爱人，但他把侧重点放在道德范围内；而孟子则着重从政治上阐述爱人思想的内涵。“民为贵，社稷次之，君为轻。”得民心者得天下，“忧民之忧者，民亦忧其忧，乐以天下，忧以天下，然而不王者未之有也。”孟子的这些思想对后世影响极大，那些明君贤相，都受到过这个思想的熏陶。

范仲淹“先忧后乐”的忧患观，在孟子的思想基础上，把忧患意识提到了一个新的高度，使之成为一种崇高的人生境界，显示出儒家理想人格的高尚的情操和无比宽广的胸怀。“居庙堂之高，则忧其民；处江湖之远，则忧其君：是进亦忧，退亦忧。然则何时而乐耶？其必曰‘先天下之忧而忧，后天下之乐而乐’呼”范仲淹的思想对儒家的忧患传统有所继承。孔子主张“天下为公”，孟子提倡“乐以天下，忧以天下”。但孟子是对统治者进言，乐与忧相提并论，其忧患的内容必然受到限制；而范仲淹是向士大夫倡导先忧后乐，并且上忧社稷江山，下忧百姓黎民，这是对孟子“穷则独善其身，达

范仲淹像

则兼济天下”的超越。无论居庙堂之上，还是处江湖之中，都不改其志，做到不以一心之喜忧而忘天下之忧，这种宠辱贬升不计较、进退穷达皆忧天下的忧患观，表现出一种不屈不挠的品格以及为崇高理想而奋斗的进取精神。这种精神已经融入了中华民族的血液里。张载要为“天地立心，为生民立志，为往圣继绝学，为万世开太平”，顾宪成“家事国事天下事事事关心”，顾炎武“天下兴亡，匹夫有责”，鲁迅“我以我血荐轩辕”，都是这种精神的生动写照。被称作民族之魂的鲁迅先生本人就是忧国忧民的典型，他终生致力于国民性的批判和改造，他用自己的呐喊惊醒昏睡着的人们，他把自己的生命变成不灭的火炬，将青年引向光明。可见，忧患意识造成了无数中国伟大人物的光辉灿烂的人生。

拓展阅读

范仲淹

范仲淹（989—1052），字希文，苏州吴县人，世称“范文正公”，唐宰相范履冰之后。北宋著名的政治家、思想家、军事家和文学家，祖籍邠州（今陕西省彬县），后迁居苏州吴县（今江苏省苏州市）。他为政清廉，体恤民情，刚直不阿，力主改革，屡遭奸佞诬谤，数度被贬。1052年（皇佐四年）五月二十日病逝于徐州，终年六十四岁。是年十二月葬于河南洛阳东南万安山，谥文正，封楚国公、魏国公，有《范文正公集》传世。

飘逸洒脱的道家

道家在很多方面与儒家是对立的，但它与儒家在哲学上却是互补的。如果说从儒家的人生哲学中我们可以得到道德、力量、信心和勇气，那么在道家人生哲学中我们可以得到精神自由、智慧、忍耐和美的愉悦。

◎返璞归真

今人与古人都一样，都有“回头看我”的瞬间。老子在建构自己的人生理论体系时，也钟情于婴儿赤子，把婴儿状态、赤子之心当作人生最佳境界。

在老子眼里，婴儿令人羡慕。婴儿纯真，无忧无虑，无牵无挂，没有是非、利害、荣辱观念，饿了吃，困了睡，不高兴就哭，高兴了就笑，一切率性而动，随感而发，不做作，不矫饰，真正是跟着感觉走。婴儿尚未受到世俗的污染，内则柔和淡泊，外则天真无邪，保持着自然天性，随自然的变化而变化。因此，“复归于婴儿”，就如同与天地为一，妙不可言。老子认为人世间那众多的人，熙熙攘攘，挤来挤去，为虚名而争，为利益而忙，就像赴国宴，享受山珍海味，咀嚼美味佳肴，又像春天里结伴远足，登高远眺；唯有我纯真得像个还不会笑的婴儿，把这一切名呀利呀，荣呀辱呀，看得很平淡，无所谓，不受诱惑，不去迷恋。

在老子看来，这是在有任何功名利禄诱惑时保持内心安宁与平静的重要手段。由于我以婴儿般的混沌态度对待一切，不计较得失，就可以摆脱功名利禄的诱惑，因此，也就感受不到由此带来的不快、烦恼。虽然世人看重灾与祸、荣与辱的差别，但我在内心却不以灾为灾，不以祸为祸，不以荣为荣，不以辱为辱，这样，灾与祸之类还能伤害我的身心吗？

老子骑青牛塑像

如果说老子所说的婴儿状态，还是简练、平淡的素描，那么他的思想的继承者庄子，在书中对神人、真人、至人的描绘则是一幅浓墨重彩的画卷。神人、至人、真人“肌肤若冰雪，绰约若处子”，风姿绰约，仪态万方，冰清玉洁，如出水芙蓉，如皓月当空，似清泉叮咚；他们“不食五谷，吸风饮露”；他们“乘云气，御飞龙，而游乎四海之外”，腾云驾雾，遨游于仙山琼阁之间；他们不会受到各种灾难的伤害，“物莫伤之，大浸稽天而不溺，大旱金石流，土山焦而不热”。他们能外生死，超利害，齐物我，“不知悦生，不知恶死”；他们漠视人间一切，对成功失败、得失荣辱都不放在心上。

贪生怕死、趋利避害是俗人的主要心态，它使人们的心理和肉体趋于紧张，使人精疲力竭，总之，伤生害体。况且，贪生怕死和趋利避害常常适得其反，事与愿违，人随时可能遇到不测风云，旦夕祸福。所以，凡人总处于无穷无尽的烦恼之中，心灵永无安宁之时。

神人不仅超生死，外利害，而且与天地万物融为一体，神游于四海之外，独与天地往来。道家以此说明，摆脱了种种世俗价值观念的重负和束缚之后，精神不仅能进入没有烦恼、忧愁、痛苦和恐惧的至乐境界，而且能获得绝对自由。

当然，现实社会没有所谓外生死、超利害、齐物我、神游于四海之外的神人、真人、至人，但是在道家看来，人们在思想上是完全可以努力泯灭是非、利害、生死、荣辱等的界限，以获取精神自由。人固然难逃一死，不可能长生不老，但不知悦生，不知恶死，生死如一，视死如归，是完全可以做到的。

老子的婴儿状态，庄子的浪漫想象，实际是给一切在逆境中挣扎的人们提供了一个精神乐园。不仅如此，老庄的幻想，培养、熏陶了无数中国人旷达超迈的心胸和乐观精神。魏晋风度，李白诗歌，苏轼词章，都深深地打上了老庄的烙印。

◎回归自然

庄子在《应帝王》中说了这样一个故事：古时候有三个管辖海洋的神仙。一个叫倏，主管南海；一个叫忽，主管北海；第三个叫浑沌，主管南海和北海之间的水域。倏和忽经常到浑沌家里做客，每次都受到浑沌的盛情款待，倏和忽十分感动，很想报答浑沌的深情厚谊。怎么报答呢？他们想，谁都有耳目口鼻七窍，唯独浑沌没有，实在不雅观。如果我们给他凿出来，不就好了吗？于是，他们找到了浑沌，在浑沌光光的脸上打凿起来，第一天凿了耳朵，第二天凿了眼睛……日凿一窍，直到第七天，七窍都打凿完毕。但是，他们的好心却办了坏事，浑沌非但没有变好看，反而命归黄泉了。

这个寓言具有深刻的含义。除了其他意义之外，浑沌也可以说是大自然的象征，浑沌之死，实际是告诉人们，人类对大自然的开发和改造最终将毁掉大自然。人类在同大自然作斗争中，曾创造过一个又一个的奇迹，天上的卫星、飞机，地上的汽车、火车，海里的轮船、潜艇，以及每秒运算十几亿次的计算机等等，同时人类也干过不少如同给浑沌凿七窍的蠢事，大自然各种物种之间、各生物圈之间相互依赖、相互作用的和谐一致正遭到可怕的破坏。

古今中外哲学家中没有一家像老庄那样热爱大自然，没有一家像他们那样深刻地、多方面地揭示回归大自然的精神意义和文化意义。在老庄看来，大自然是道之所在，回归大自然就是与道为一；大自然是精神乐园，只有回归大自然，才能逃避世俗社会中尔虞我诈、争权夺利等等丑恶现象和由此造成的无穷的灾难，才能挣脱世俗社会等级森严的宗法主义制度和社会关系的束缚以及专制主义统治的压制，进入一种无差别的、自由的境地，以摆脱尘世的种种纷扰和烦恼，让心灵恢复宁静和清净；只有回归大自然，人们才能达到与天地为一的大同至乐的人生境界，实现宇宙间最高的和谐。回归大自然代表了道家人生的最基本的特征，它是道家所崇尚的各种价值观的集中体现。回归大自然显示了道家人生独有的情趣、神韵和风貌。

不过，道家的回归自然，并不是遁入深山丛林，不必脱离日常生活和人们不可或缺的社会关系，它强调的是一种心灵上的回归自然。正因为如此，道家人生才显示出特有的通达高雅的风度和光彩。

◎任性逍遥

追求自由是人的天性。庄子是一个酷爱自由的人，他在两千多年前以哲人的睿智，文学家的想象，为人类描绘了一幅追求绝对自由的浪漫人生画卷，任性逍遥。

自由自在，无拘无束，天马行空，独来独往，与大道同在，与天地为一。真正处于逍遥境界的人，能顺乎自然的本性行事，没有好恶，没有是非，能忘掉利害，忘掉生死，游乎四海之外。为了达到这种精神绝对自由的境界，庄子提出人们必须超越世俗的情趣和追求，做到无己、无功、无名。

无己，指主观上忘记自己的存在，进入物我齐一的境界。这样可以摆脱生老病死、喜怒哀乐等带来的所有感情上的波动，主观情感就能逍遥自得。中国传统美学就从庄子的“无己”中得到了启发，以“无我之境”为最佳。

无功，指不追求功名利禄。在庄子看来，功名利禄使人趣味低下，阻碍人的精神向最高理想境界的发展，只有超越功名利禄，精神才有可能作“逍遥游”。

无名，指忘掉荣辱毁誉等虚名，摆脱由此而带来的一切烦恼、苦闷，这样精神才能摆脱小我的束缚，与大道为一，进入绝对自由的最高境界。

庄子的逍遥游哲学具有多方面的意义，在现实生活中曾经产生了非常复杂的作用。它的明显的出世主义、虚无主义倾向引诱人们脱离现实、放弃争取合法权益的斗争，然而它也能帮助世人树立一种非常豁达超脱的生活态度，以面对生活中非人力所能消除的各种不幸，使他们不至于陷入痛苦的深渊而不能自拔。同时，这个理想的设计，也为后世在统治阶级争权夺利的政治斗争中或为个人私利的、无原则的是非争斗中感到失意苦闷的人们提供了一剂解药，引导他们提高精神境界，摆脱低级趣味。庄子的人生哲学如果向积极的方面去理解，能开拓人的胸襟，净

广角镜

陶渊明简介

陶渊明（约365—427），字元亮，号五柳先生，世称靖节先生，入刘宋后改名潜。东晋末期南朝宋初期诗人、文学家、辞赋家、散文家。东晋浔阳柴桑（今江西省九江市）人。曾做过几年小官，后辞官回家，从此隐居，田园生活是陶渊明诗的主要题材，相关作品有《饮酒》《归园田居》《桃花源记》《五柳先生传》《归去来兮辞》《桃花源诗》等。

化人的灵魂。以这样的眼光观照人生，什么名誉地位、荣辱进退，都可以淡然处之。

庄子的任性逍遥的人生哲学实际上也反映了身受等级森严的宗法制度之苦的中国古人对自由的热爱和向往。庄子把精神自由和个人的尊严置于高于金钱、权力、荣誉等价值的地位，并且尽力维护个性、人格、尊严，使它们免遭君主专制主义的摧残。庄子本人视千金、卿相如粪土，宁愿隐居于山野以保全其人格和尊严，不肯为一国之相而俯首听任专制君主的支使和宰制。在庄子眼里，什么都比不上自由珍贵。道家所开创的这种重人格尊严和精神自由的传统，在专制主义肆虐横行的中国封建社会中是相当宝贵的。陶渊明在这种人生哲学影响下不为五斗米折腰，退隐归田，以保护自己的个性和人格尊严不受损害，保持自己的人格清白不受玷污，从而使他有可能发挥具有独特风格的创作才能，写出许多充满自然情趣、田园之乐的诗篇。这些不朽诗篇千百年来陶冶了无数中国人的性情。儒家的理想人格是以天下为己任、先天下之忧而忧、后天下之乐而乐的献身社会的人；道家的理想人格是鄙视功名利禄、不屈服于权贵、维护自己精神自由和独立人格的清介之士。这些不同的人格是人的价值的不同表现，都丰富了中国人的人性。

◎ 长生久视

从表面上看，老庄均属无情之人，生和死对他们来说是无所谓的。但是，貌似无情却有情。冰冷的面孔背后隐藏着的是一颗炽热的心。正因为他们对生命有异乎寻常的珍爱，所以才有恢复到婴儿状态的美妙设想，才有浪漫、神奇、超凡、脱俗的逍遥之游，并且由此提出长生久视之说。所谓“长生久视”，就是维持人生的长久。《老子》第五十九章说:“深根固柢，长生久视之道。”庄子及其后学对此大加发挥，大谈养生、全生、尽天年，除了这些以外还提出了虚静、坐忘、心斋等养生方法。

虚静，是老子的发明。所谓虚静，是指虚其心，静其心。虚静就是摒弃私欲，排除杂念，无思无虑，心灵空明澄静。老子不仅要求做到一般的心灵清澄，而且要“致虚极，守静笃”。在虚空的净度和纯度方面达到极限，越纯越净就越接近于“道”，与道合一，进入婴儿赤子状态。

除了其认识论意义以外，从养生的人生哲学来说，虚静就是要人们“见素抱朴，少私寡欲”。未经染色的丝为“素”，尚未雕琢的木是“朴”，“见素抱朴”的意思是让人们保持人的真性。同时，还要减少各种欲望，这样才没有损害身心健康的忧愁、烦恼，同时也可避免可能会危及自己生命的残酷的争斗。

坐忘，指端坐而浑然忘掉物我的精神境界。庄子在《大宗师》中说:“堕肢体，黜聪明，离形去知，同于大通，谓之坐忘。”这就是要求人们做到忘掉肉体的存在，忘掉智慧的存在，不受形骸、知识的约束，达到与大道合一，万物齐同的境界。达到这一境界，人们就不会有什么失落、不幸、痛苦的感觉了，其精神也就会获得彻底的解脱。《达生》说:“忘足，履之适也；忘腰，带之适也；忘是非，心之适也；不内变不外从，事会之适也。始乎适而未尝不适者，忘适之适也。”忘掉脚的存在，就会感到鞋的舒适；忘掉腰的存在，就会感觉到腰带的舒适；忘了是非，心里就坦坦荡荡，异常平和宁静；不因外界的变化而牵动内心的变化，无论遇到什么都会感到安适。心性本来是适应自然的，与外物没有不适应的地方，但这种适应并非是有心去适应，而是忘掉了安适与否的安适。

坐忘之法，靠心理上淡化、克制、忘掉来源于外界打击所可能带来的痛苦，也是一种自我宽慰的态度。这种态度，在特定条件下，如病魔缠身或身处逆境但一时又找不到解除痛苦的办法时，是有一定自我解脱的功效，并有益于身心健康的。科学已经证明，一个对疾病持豁达态度的人和一个对此整天愁眉苦脸的人相较，显然持豁达态度更有利于人康复。

心斋是与“不饮酒、不食荤”的祭礼之斋相区别的。祭祀之斋徒具形式，无济于世，只有心斋，才能与道合一。一旦达到了虚，就可以说实现了心斋，就能进入道的境界。此时耳朵不再听到大千世界的各种声音，眼睛不再看到大千世界的各种色彩，意念不再感到内心世界与外部世界的差别。万物与全部意念活动都融化在体内升腾的气的海洋之中，从而进入一种虚寂、混沌、空明、清静的境界，这就是庄子说的心斋。揭开心斋之法的神秘面纱，心斋实际上就是洗涤心胸，净化精神，消除任何欲念，忘掉万事万物和是是非非，达到精神上的虚一而静，最终同化了主客观世界，进入绝对自由的逍遥境界。而后世的养生家从心斋说发展出了中国特有的气功理论与实践。

如果说，道家的养生术侧重于培养人的豁达超脱的人生态度，那么与道家有着千丝万缕联系的道教，则把重点放在羽化登仙上。养生是为了长生久视，长生不老。道教不仅直接继承了老庄心斋、坐忘等养生方法，而且还从老庄的思想中挖掘整理、提炼加工出守一、存想、内观、守窍等方法，并以此为基础形成了静心、胎息、采药、炼丹、聚藏、蟾光、化神、婴儿、还虚等一整套养生法。这些方法的共同点是，一反常人普遍遵循的思维方式：你说生命在于运动，我说生命在于虚一而静；你说色香味声等对人体有益，我说这些伤身害体；你说喜怒哀乐爱恨乃人之常情，我说这是困扰人心的恶魔。如此等等，虽有悖常理，但又不完全是谬论。人有七情六欲，这大千世界才变得色彩纷呈，气象万千。但是，也正因为人有七情六欲，人们无限制地纵欲，满足感官之乐，或者完全为喜怒哀乐之情所支配，失去自制能力，这才使得人类的精神的宁静遭到破坏，身心健康受到严重的损害，人的生命活力因此也遭受致命的摧残。所以，老庄及道教理论的着眼点在于引导人们把感官的功能内向，减少或断绝色香味对人的诱惑，减少或克服喜怒哀乐对人体的伤害，创造出一个虚静恬淡的境界，使人的精神生命充满旺盛的活力。同时调动和增强精神注意力和内在生命力，以克服妨碍身体健康的种种心理和生理上的因素。事实证明，老庄及道教的养生方法，确实有强身健体、治疗疾病的奇特功效，而且修炼至一定程度的人，还会获得一种前所未有的兴奋、舒畅、静谧的幸福感。现代科学研究已经对此作了解释。西方精神分析学家弗洛伊德虽不懂坐忘心斋之法，但说过这样的话：人们一旦学会自觉控制自己的意识活动，处于一种与平时不同的静谧状态，不仅能够愈合心灵上的创伤，而且长期锻炼还能激发潜在的智慧。

◎清静无为

人类生存的自然界，实在奇妙至极。闲花野草，没有人培植它，却在阳光雨露下长得枝繁叶茂；虎豹豺狼，没有人喂养它，却发育得肢体矫健；翱翔于长空的雄鹰，没有人训练它，却敏锐异常；奔腾的江河，没有人挖掘疏导，却能逢山开路，给自己开辟前进的道路；广袤的宇宙，星座繁多，却又秩序井然……这一切在睿智的老子眼里，都显示了奥妙无穷的道。

老子认为天地万物无非是道所生，它们无时无刻不在道的支配下周而复始。大自然的花草树木，鸟兽虫鱼，江河湖泊……因为没有人力的干预才能够自由自在地运动、变化，呈现出一派勃勃生机。人生在世，也应该效法天道，对世事淡然置之，清静无为。

在老子看来，人如果把自家性命看得过于贵重，违反自然地加以保养，或是永无止境追求感官之欲，结果可能会适得其反，损害自家性命；相反，如果不过分看重自己的生命，清心寡欲，事事率性而动，有感而发，顺其自然，反而会延年益寿。而圣人虽然时时处处把自己放在最后，但是反而占先；把自己生命置之度外，但生命反而得以长保。这就是“无为而无不为”的道理。

对个体来讲，无为在生活上就要淡泊无欲，为人处世就要不争，也就是说不要锋芒毕露，咄咄逼人。对于统治者来说，不能穷奢极欲，好大喜功，骚扰百姓，要让他们生活安宁，使天下太平，做到无为而治。“是以圣人之治，虚其心，实其腹，弱其志，强其骨。常使民无知无欲，使夫智者不敢为也。为无为，则无不治。”在老子看来，如果统治者无为而治，不对老百姓过多地限制，反而会民风淳朴，“我无为而民自化，我好静而民心正，我无事而民自富，我无欲则民自朴”。民风淳朴，自然不会犯上作乱，则天下大治。

无为，曾被一些人解释为束手不为，无所作为，实际上它的真实含义是不要做出违反客观法则的行为，特别是不要按照那些违背、以至于摧残人的自然本性的道德观念（仁、义、礼、智）去做。在老子看来，如果违背法则盲目蛮干，或用各种制度、规范约束自己的自由心灵，那只能适得其反，非但不能达到目的，而且要受到法则的惩罚。进一步说，无为就是不去追求世人所迷恋的世俗的价值观念，如利禄、荣誉、伦理道德等。老庄认为心灵迷恋上这些东西以后，就丧失了其最可贵的本性，即自由。

用现代人的眼光来看无为，其间还有自我定位的问题，人们要有自知之明，不能过分夸大自己的力量。只有对自己有所限制，有个界定，才可以干出一番成就来，什么都想干，往往什么也干不成，只有无为才能有所为。人们只有弄清楚自己的专长、个性、缺点，才能明确自己努力的方向，在人生路途中取得成功。

超脱生死的佛家

相传佛教创始人迦毗罗卫国王子悉达多·乔答摩年轻时，目睹了社会上芸芸众生的悲欢离合、生老病死种种苦难凄惨之情景，又受了沙门关于解脱生死烦恼的出家之说的影响，动了修行之念，毅然决定放弃王宫中豪华奢侈的生活，离妻别子，出家修行。他师从阿罗陀等沙门学习禅定，达到了“芦苇穿膝，鹊巢冠顶”的程度，然而未有大成；又修了数年苦行，终无所获。于是在尼连禅河中洗去了六年的积垢，饮用了牧女供奉的乳糜，在菩提树下盘腿而坐，专心思索解脱人生生死苦难之道，终于大彻大悟，得无上正觉，成了佛祖。从此，他开光弘佛，宣扬佛法。可见，佛教初始，佛祖根本的宏愿就是以解脱众生生死烦恼为己任的。

佛祖圆寂之后百年，印度佛

你知道吗

佛教起源

佛教起源于公元前6—前5世纪，创始人为悉达多·乔答摩。释迦牟尼是教徒对他的尊称，相传他是现在尼泊尔境内迦毗罗卫国的太子，二十九岁时，深感印度婆罗门教种姓制度的不合理，下层社会深受生、老、病、死之苦，遂离家出走，三十五岁时得道，创立佛教，获得贫苦人的支持。当时的印度社会，上层种姓残酷压迫和剥削下层种姓社会，社会矛盾十分复杂而尖锐，这给佛教的产生和发展提供了条件。释迦牟尼为反对婆罗门教的种姓神创说，提出“众生平等”。

教产生了众多的派别，从中又先后形成了小乘与大乘两大教派。小乘教义讲究精密、思辨，致力于生死的事理分析，大乘教则注重融贯、直觉，重在赞仰佛的行果；小乘理论多渊源于释尊的言教，大乘经则从释尊的原始旨意及行为，进窥佛的精神；小乘理论通常流于枯燥与烦琐，而大乘派却保有佛教传统的实践精神，富有感化力。

东汉初年（1 世纪），佛教（主要是大乘教）传入中国并逐渐中国化。而在印度本土，无论是小乘还是大乘日趋衰微，至 13 世纪左右终归于泯灭。中国化的佛教，吸取了印度佛教思想的精髓，采纳了大乘教人皆可成佛以及菩萨救世的思想内容，与中国儒家的入世、道家的出世等传统思想相融合，跳出纯粹一己的个人窠臼，把个人人生的解脱与普度众生观念相结合；同时又趋向于简约化和实用化，强调顿悟成佛或专念佛号往生净土。

◎无明陷苦海

人生存于现实世界，必定会遇到种种艰难困苦，产生许多烦恼。尽管各人的身世、遭遇、智愚、强弱会有千差万别，但苦恼却是都有的感受。有的痛骨肉之流离，有的怒仇人之侮辱，有的欲火中烧、意愿难遂，有的得意忘形、乐极生悲，有的因隙故而家庭失和，有的因失恋而愤然自戕……真可谓万事劳其形，百忧扰其心。更何况还有一个生、老、病、死，更是人人断难幸免。所以从表象看，现实世界似乎是无可逃避的受难场所，而人生则是苦难的历程。佛教喻之为“苦海无边”。

要挣脱苦海，首先得明白苦从何来，苦的原因与根源是什么。佛教认为，人之所以会觉得苦，直接原因是出于“惑”和“业”。所谓“惑”，是指人们通常习惯于、沉湎于主观的执着妄想，或者为种种世象所诱惑，而不能深入认识、把握宇宙与人生的真实面貌及底蕴，总是为狭隘的“我”所囿，从中滋生出我贪、我痴、我见、我慢四种“惑”，外惑于境，内迷于见。而由此种迷惑所引起的身心活动：口业（言语）、意业（意念）、身业（行为），就是“造业”。“造业”既是一种不明事理、违逆自然人生本质的行为活动，又是此种行为的结果，是日后受难的潜在因子。这种活动熏习日久，愈积愈深，不可避免地导致种种痛苦烦恼。

佛教认为，世间一切事物和一切现象的生灭变化。都是因“缘”而生，即由与之相关的诸因素相互间的联系、依存、制约，相互间的互为条件、互为因果而发生的。这是佛教宇宙观和人生观的根本理论基础。佛学上称为“缘起”说。释迦牟尼对“缘起”的释义是：此有故彼有，此生故彼生，诸法由因缘而起。用“缘起”理论来考察人生的苦难，就具体演绎出无明、行、识、名色、六处、触、受、爱、取、有、生、老死等十二部分（十二支）与十二种因果关系，即“十二因缘说”。

然而“爱”不是凭空而起，而是源自内外之境刺激的各种感“受”。由这些感受才引发出情绪的波澜，引发出贪、嗔、痴的心理。“受”由三方面的因素结合而成，一是外在的环境，二是感觉器官和意识“六处”（又名六根，即眼、耳、舌、鼻、身、意），三是前两者的接“触”，没有“触”，外在的对象就不会引发感受。

就个体而言，自小到老，从形态到心理都在不断地变化。可人们往往认为没有变化，或者认为仅是形式上的变化；个体离不开社会、自然，个体与社会、自然必定是相互作用的，但人们往往认为自己是遗世独立，仿佛压根儿与社会、自然无关。所以“无明”是智慧的大敌，是一种迷障。由无明衍生出的“爱”，通常是十分的热烈、迫切、紧张、盛炽。“爱”的对象形式各有不同，但往往是出自“自爱”，爱得欲罢不能。被“爱”束缚而无法自拔就陷入了苦。所以，佛经说:“无明为父，贪爱为母。”两者的结合，使人成了苦命儿。

◎智慧识机缘

按佛教“缘起”理论，任何事物的变迁及生灭代谢必定都和周围的事物互相联系、互相影响，产生息息相关的因果关系，这就是因缘而起，因缘所生。既然如此，事物的运动和变化便是必然的。宇宙间的万事万物，无论是客观的自然现象，还是主观的思想观念；无论是微若芥尘，还是广若宏宇；无论是简单的微生物，还是复杂的人类社会，都在时时刻刻地运动、生灭和变化着。所以世界会有“成、住、坏、空”，生物会有“生、老、病、死”，思想会有“生、住、异、灭”。这一系列的发生、发展（住和异就是发展，住是互相适应的发展，异是互相矛盾的发展）、消灭的过程，只要人们仔细观察，都不难觉察。由此佛教得出结论：“诸行无常”，即任何事物和现象都在无止境地运动流转，不可能恒常不变。《金刚经》说：“凡所有相，皆是虚妄。”“虚妄”亦即“空’，但“空”不是虚无，不是没有，不是全然的否定。前生后灭，前灭后生，连绵不断，是实际存在着的，“空”就寓于这实际存在（有）之中。故《心经》上说：“色（物质现象）即是空，空即是色。”佛所要揭示也希望人们觉悟的就是变幻无常的现象背后隐藏着的“空”这个本质。

在佛教看来，人的身心个体及生命活动都是互为缘起的组合。在六根（眼、耳、舌、鼻、身、意）中，前五根是生理组织，是感觉器官，“意”则属心理。“意”要通过眼、耳、舌、鼻、身才能显示作用，产生知情意等心理活动；而眼、耳、舌、鼻、身等则要在“意”的统摄下才得以发挥生命活动的功能。

从认识论角度而言，佛教认为，心因物而有，物因心而显，心中容物，物处心中，心外无物，物外无心，心物是不二的。在此意义上，人的生命活动也可被视为认识主体和认识客体的结合，是心物共存一体的活动。然而，人却往往把主体和客体割裂开来、对立起来，认为有一个可以脱离外物、在认识和行动上完全独立的“我”，同时还有一个可以离开人的认识的“客体”。佛教说这样就产生“我执”和“法执”，或主观生出诸多妄想，或孜孜追求虚妄的物质利益而不能自拔。“无明”之蒙昧恰恰就在此。故而，贪、嗔、痴等无尽的烦恼会接踵而来。既然宇宙间的万事万物都离不开人的心识，那么人生亦然。因此，只有“空”才是宇宙人生的本质所在。“空”就体现在万物流变、互为缘起、心物一体之中。正所谓：“云散水流去，寂然天地空。”佛教就是以这样的世界观、认识论学说作为推行他们的人生观的工具，企图以此扫除人们的“迷障”，启迪人们的智慧和觉悟，引导人们走上一条佛教人生之路。

◎见性能成佛

找到了人生苦恼的原因、根源，又了解了宇宙、人生的本质，就有可能去灭绝苦源，跳出生死轮回，进入解脱之境。这是一种永恒寂灭的境界，佛教称为“涅槃”。据说，佛祖释迦牟尼正是端坐在菩提树下40多个昼夜才体悟了这一切而达到“湛然寂静”的妙境的。可见，要真正进入灭苦和涅槃的境界，不是轻而易举之事。因此各派佛教提出了许多理论，为人们指点迷津。

早期的小乘佛教认为，人的欲念及“无明”妄见熏习过久，加之世俗生活更难脱离苦海，故十分强调出家修行。如以削发剃度、严守戒律、禅定等方式获取个人的解脱。

尽管修行方法五花八门，实际上可以概括为戒、定、慧三学：戒（正语、正业、正命），定（正定、正念），慧（正见、正思维、正精进）。戒者，从人的身、口、意活动入手，严加警戒，不造恶业，专修善业，以对抗和逐渐消除积习已久的私欲妄行；定者，以戒为基础，使自心归于平静和净化，不轻易为内在的欲念、外在的环境所诱惑；慧者，是由定而起的智慧，可以消除愚昧的无知妄行，去直接观照本性自在的涅槃真如妙境。

小乘教重在戒定以求个人痛苦的解脱，大乘教则重在开发智慧而达到涅槃妙境。

大乘教在小乘阐发的佛理的基础上，提出“六度”、“四摄”。所谓“六度”，即布施、持戒、安忍、精进、禅定、般若（即智慧）；“四摄”即布施、爱语、利行（利益众生的行为）、同事（与众生共同行动）。可见，大乘教已从个人的解脱推进到帮助他人、普度众生的行动。

但是，大乘首先强调的是“开悟”。它认为世间的一切归根结度离不开人的心识，人世间的苦也是如此。苦，实际上只是人心的一种感受，是由个体的自心分别造作出来的。如果一个人不怨憎，便不会有怨憎相会之苦；不贪恋，便不会有失恋失意之苦；不造业，也不会有生死流转之苦。所以，感受到人生乐少苦多，认识人生本苦是远远不够的。事实上，人心的本性原本就是寂静的，即与佛性的涅槃寂静无二。人们之所以会有种种苦恼，就是由于心念妄动而生起的迷乱妄惑导致的。佛经说“心本无生因境有”，心本无生，指本性的寂静，而人往往不能体悟这种寂静的妙境，却被心内外的各种幻相所左右所迷惑，因而滋生出无尽的烦恼。

根据大乘教义，要真正解脱人生的苦难，获得自由，不能被动地修行灭断。连绵不尽的烦恼如何灭得尽断得了？而应主动开发智慧，转迷为觉，明心见性，常住真心，从根本上体悟到生死烦恼本为虚幻，这才可能彻底地解脱生死流转及世间的一切苦厄。这就是所谓的“见性成佛”。大乘教的这一思想，为中国佛教的禅宗所吸取和发展，并被发挥得淋漓尽致。

佛经说：“故众生本来成佛，生死涅槃犹如昨梦。”人人本来都是佛，为何还要刻意修行成佛呢？就是因为芸芸众生不能充分意识这一点，故为生死苦恼所缠而叫苦不迭。所以，最重要的是要亲身去感受去体悟，而不是借重逻辑理论上的推理与认知。“纸上得来终觉浅”，何况各人具体的苦恼并不相同，其对人生真谛——佛性体悟时的情境亦各相异，因而他人的语言、文字，逻辑上的表达通常是无法直接切入或替代自己的实际感受和切身体验，至多只能起某种启发作用。真正的觉悟唯有通过人们各自的直觉体验。

体悟必须用心，用全身心。它不是一句“万事皆空”或纯粹念念佛号就行的。禅宗提倡的体悟，不仅包涵禅定的内容，努力保持心绪宁静状态，而且特别强调心物一体，以自己的心直接体验生活、体验人生、体验世界，并把握永恒。所以，与佛性相通的淡然寂静之妙心即平常之心，关键是能否深切领悟。

佛禅强调佛在心中，不假外求。因此它通常摒除“知”这样的逻辑思维和理论论证，甚至摒除生死轮回见解，出现呵佛骂祖、砸碎偶像等举动。佛禅史上此类故事不胜枚举。据说慧海初习禅时，曾为求佛法去江西参拜禅宗大师马祖道一。马祖说：“自家宝藏不顾，抛家散走做什么？我这里一物也无，求什么佛法？”慧海不明白，又问：“阿那个是慧海自家宝藏？”马祖说：“即今问我者，是汝宝藏。一切具足，更无欠少，使用自在，何假向外求觅？”“汝等诸人，各信自心是佛，此心即是佛心”，“心外别无佛，佛外别无心”。慧海至此开悟。

马祖道一特别强调“平常心是道”。“只如今行住坐卧，应机接物，尽是道。”平常之心是和“行住坐卧”等平凡的日常生活密切相关的，故尤为注重对日常生活的体验，强调顺其自然，“随流去”，热就热得痛快，冷就冷得彻底。从最普通、最平凡，甚至粗鄙的细微事件中去领悟佛性，体验永恒，把握宇宙人生之真谛。有一位教师请教慧海:“和尚修道，还用功否?’慧海答:“用功。”教师又问:“如何用功?”慧海答:“饥来吃饭，困来即眠。”教师说:“一切人总如是，同师用功否?”慧海说:“他吃饭时不肯吃饭，百种须索，睡时不肯睡，千般计较，所以不同也。”后期禅家临济宗也总结道:“佛法无用功处，只是平常无事，屙屎送尿，着衣吃饭，困来即卧。”由此可见，最高深的道理，就寓于最平凡最浅近的事物与人生之中。佛禅强调在日常生活中体悟佛性，就是要直接去把握人的生命内核，深切体验心的静穆、充实、自由。

拓展阅读

慧 海

明末清初临济宗僧。鄂州（湖北）富川涌泉人，俗姓谢，字水鉴，又称沙翁、寓叟、寓人。20 岁，投蕲春（湖北）报恩寺体融出家，复从径山费隐通容受具足戒。先后参叩玉林通琇、万如通微、木陈道忞、独冠行敬。33 岁，承嗣独冠之法。其后，历住荆州铁佛寺、天王寺、扬州地藏寺、鄂州黄龙寺、汉阳栖贤寺、嘉兴广慧寺。遗有天王水鉴海和尚六会录十卷、五会录六卷、天王水鉴海和尚住金粟语录三卷。

禅宗认为世界的一切都体现着佛性:“青青翠竹，尽是法身；郁郁黄花，无非般若。”所以他们对大自然也怀有一种特殊的亲切感，希望人生就如旷野幽谷、青山白云、晓风晨月、艳阳碧草、电闪雷鸣一般泄畅胸臆，在坦然、自然、多变而生动的生活之中获得永恒。

◎佛性在人间

小乘教强调出家出世，修戒苦行，求的是个人的生死苦恼解脱。然而这种尽可能逃避俗世的纷扰，严格规戒自身的禁欲苦行，在一定程度上说是被动消极的，甚至有违人性。何况，究竟能否完全断灭烦恼，还值得怀疑。因而后起的大乘教尽管不排斥一定的戒律、修行和禅定方法，但十分强调心的觉悟，即自心上的戒、定、慧。它认为，自心能清净无染，便是戒；自心能时时寂然不动，便是定；自心能观照无碍，便是慧。禅宗六祖慧能亦说："我此法门，以定慧为本。第一勿迷言定慧。定慧体一不二。即定是慧体，即慧是定用。即慧之时定在慧，即定之时慧在定。"强调的都是心的觉悟。

同时，大乘教又十分强调济人利物救世的思想。具体而言，一是已经觉悟而入涅槃，依然留在人间以拯救众生的菩萨观念；另一是人人皆可成佛的思想。所以，大乘强调的是入世而不是出世，强调的是在自身觉悟基础上帮助启发他人，在乐助他人的同时坚定地扩展自己的觉悟。认为只有这样才能得到彻底的人生解脱。换言之，自觉并觉人，利他又利众生是互为因果、相互促进的。这是个体完善自身并取得解脱和自由的根本途径。明心见性虽然可入佛境，但未必能成正果，还必须不断加以维持和巩固。而最有效的巩固方法无非是在世俗社会的生活与活动之中，通过利他的服务去磨炼和经受考验；另一方面佛教认为"佛出人间"，佛性就寓于世俗之中，佛性实际上就是人性的净化及高度升华。所以，佛不能离开人世间，而个人也不能脱离现实生活和社会群体。由此，个人成佛从佛教关于心物一体、人我一体的角度来看，自己的开悟，并启发他人转迷为觉，多行善事，乐于助人，服务社会，实际上也就是智慧勃发、活泼自在的佛性体现。

对于生死问题，儒家通常是持回避态度，不予以正面回答。孔子说："未知生，焉知死？"只是启发人去思索而已。道教则以炼养精神、食服仙丹求长生不死，但最终未能逃脱寿终正寝的归宿。而佛教则以生死轮回、因果报应、涅槃解脱等教义为世人提供答案，给人们指引解脱途径。

大乘教在中国之所以站得住脚，并转化成中国佛教，是因为它的观念与中国传统文化观念以及中国人的生活态度在许多方面是声气相通的。它的入世思想与中国儒家历来倡导的经世致用思想相合拍；它的人皆可成佛思想与中国儒家宣扬的人皆可为尧舜的观念相合辙；它的直指人心、不立文字、见性成佛又与中国儒家“尽心知性”及务实性格相吻合；而佛教各派都提倡的禅定修行方式以及“清净”等观念又与中国道家的“静观玄览”、“坐忘”、“清净自然”等契合。

事实上，当初佛教传入中国时，人们便是以道家的眼光来看待和接纳佛教的。把道家的虚无、炼养及神仙方术等都用来解析佛教义理。不少著名的佛学家，也是由道家理论而转入佛学的。

佛教在中国的兴盛传扬，不仅有与中国传统文化观念相契合的原因，还和中国封建统治者的崇奉、倡导密切相关。自东汉末年以来，佛教大乘空宗的经典编译本已在社会上流行，但因为当时的帝王对此并不甚在意，故影响不大。然而，自魏晋始，统治者们大感兴趣，在玄学思想的推波助澜下，大力倡导佛学思想。

到了唐代，其风更盛。除历史上著名的唐僧玄奘在太宗的竭力支持下西去印度取经，历时十七载，取回大量经卷并译为汉文外，还先后有 5 个皇帝下诏迎法门寺佛骨至宫廷奉养。据史载，在迎佛骨的活动中，许多信徒用香火自烧头顶，自灼手指，还有人割臂洒血，以表对佛的虔诚，百姓之中多有废业破产而求供养，简直到了狂热的地步。

下层苦难的百姓和文化较低的官员所受影响通常都是佛教的表层和粗浅的内容。他们一般从事的是建筑佛寺、开凿石窟、吃素念佛、诵经礼拜、水陆道场、剃度僧尼、捐财布施等宗教活动。他们把自身的日常遭际、命运和佛教的宗教仪式、偶像崇拜及因果报应说联系起来。特别是普通百姓在日常生活中遇到各种挫折险厄、祸殃灾难，如生病、无后嗣、逢干旱虫灾等，便会想到焚香敬佛、顶礼膜拜，认为这样就可以消弭灾祸，求得平安或降福。所谓“临难抱佛脚”即是此理。而佛教神话传说中的观音菩萨能解人所难，多行小惠，能送子，施以甘露，在现实世界中帮助人们解决具体问题，故在人们心中扎下了深厚的根基。还有济公活佛，也是扶贫济困，深得百姓的喜爱。当然，在禅宗“顿悟”、“以心传心”、“见性即佛”的简洁明了的禅法宣传下，普通百姓中也不乏悟性高者，他们能深窥佛学的深奥义理，真正把握佛禅的真谛。

活佛济公像

然而，佛教思想精髓真正被接纳并被融合到中国思想文化中主要是靠那些有较高思辨能力和文化修养的文人士大夫。尤其是佛禅在中国盛行之后，历代为数甚多的文人士大夫包括不少政治家都热衷于谈禅说法，与禅僧交往密切。他们在人生哲学、生活情趣、精神风貌上都不同程度地烙下了佛禅的印记。

中国的佛禅之所以对历代的文人士大夫，甚至近代现代的知识分子有吸引力，大致是由于它提供了以下几种人生境界、精神追求和生活情趣：

第一，禅林的清静闲适。佛禅提倡宁静、安谧、恬淡、适意的生活环境和氛围，并突出自然清静、行卧自由的人生情趣。这相当符合文人雅士独善其身、清高超脱的口味。

第二，禅理的深奥玄妙。对于具有较高文化素养与感悟能力的知识分子来说，下功夫去探幽发微、参悟体验实在是太有诱惑力了。而且，活泼洒脱的禅风对文人学士的文风、诗论等又具有深远的启发。

第三，佛禅盛行机锋警语。即在传道和学道过程中，问答迅捷，妙语连珠，寓意深长。汾阳禅师曾有偈形容此：“霹雳机锋着眼看，石火电光犹是钝。”禅僧的机锋警语，常为文人学士所倾倒。他们十分乐于与禅僧斗机锋，在活泼的智慧游戏中触机生解、领悟人生真谛。

第四，佛禅强调“心”的开悟，事无逆顺，随缘即应，不留胸中，以时时保持“寂静”之妙境。这在专制社会中实在也是疗治遭受礼教压抑、心灵承受重负的士大夫或屡受挫折、饱经忧患的失意文人的精神病痛的一帖良方。“荣枯事过都成梦，忧喜心忘便是禅。”此语道出了禅学的妙用。禅机可以启发这些人，帮助他们恢复心理平衡。

当然，在更积极的意义上讲，禅学勘破名利等世俗观念的佛理还可铸就“大无畏”的精神，培育出为正义事业赴汤蹈火、视死如归的品质。近代参加“戊戌变法”的著名维新人士谭嗣同在变法失败之际，别人劝其速速逃逸隐匿，他说:“各国变法，无不从流血而成，今中国未闻有因变法而流血者。此国之所以不昌也。有之，请自嗣同始。”因此，慷慨赴死。谭氏固然具有救国救民、“冲决罗网”的革新者之勇，然而他对佛学的深刻体悟也是他的强大精神力量来源之一。他对佛学深有研究，熟谙其中的经义理，以发菩萨行和“我不入地狱谁入地狱”的无畏气概为宗旨，最终在视死如归的光辉人性和民族魂中映射出卓越的宗教精神。

人生确实存在诸多磨难和烦恼，要消除世间的种种痛苦，不能只靠精神解脱，而要积极有为，投入世间生活洪流，完善自我，创造美好的生活。

西方的个人主义

个人主义作为一种强调个人价值、个人自由、个人利益的人生哲学和生活态度，萌芽于古希腊，后来长期遭受压抑，然而到了近代以后，它在欧洲成为一种潮流，在摧毁神学、中世纪禁欲主义生活方式以及与封建专制主义政治的斗争中发挥了巨大的作用。个人主义在西方已同自由、民主、平等的观念完全结合在一起，并被认为是人的创造精神的基本来源。它是西方价值观念的核心，也是西方文化精神的集中表现。在西方，有各种各样的哲学理论为个人主义价值观念提供了根据，个人主义已融入西方一般人的灵魂，是他们的基本信念所在。并且由于已成为一种生活方式，它已变为西方普通人的生活态度。以下仅将个人主义价值观作学术文化介绍，青少年读者一定要批判地分析，吸收其中的积极因素，扬弃其中的消极因素，树立积极的人生观与价值观，为国家为社会多做贡献，同时也实现自己的人生目标。

◎民主激发个人意识的高扬

西方文明的发源地希腊，是由散布在爱琴海周围的岛屿与半岛组成的。罗马帝国也只不过是沿地中海周围展开的政治实体，以上二者在地域上都有某种开放性。这势必造成文化发展的外向性和趋上性。这与中国的“内陆腹地”式的文化不同。希腊不太强调集中统一的专制结构，而是主张对现有生活方式的超越和个体潜能的开发。于是，地域的狭隘反而助长了观念和行动上的开放性，而对生活处境和范围的不满，最终刺激了对更高生活目标的追求。这充分显示了西方文明的地域文化的特征。据亚里士多德在《雅典政制》中记载：雅典原来也是贵族当政，按照门第和财富委任执政官。但是，梭伦的政治改革和经济改革建立了某些民主制度。如改革后下等阶级的人在公民大会中具有当选为公职人员的资格，从而获得公民权利；最高法庭，面向全体公民，并由普遍的公民投票选出成员，负责审理对执政官所做判决的上诉。梭伦自己曾说:“我制定法律，无分贵贱，一视同仁。按照正义，人人各得其所。”如此使农民和中产阶级各得其利。

到了公元前461—公元前429年，即伯里克利斯时代，雅典民主制度进入全盛时期，它更加限制了旧的贵族会议的职权，保证每一公民都能自由发展自己的智力、才能和事业。伯里克利斯在公元前431年发表的一篇著名的演讲中表明了这一点:“我们的制度之所以称为民主政治，因为政权是在全体公民手中，而不是在少数人手中”；“我可断言，我们的城市是全希腊的学校，我们每个公民在许多生活方面能够独立自主，表现出多才多艺”。所以，他呼吁，“你们要下定决心：要自由，才能有幸福；要勇敢，才能有自由”。于是，在这种民主制度之下，雅典社会出现了繁荣活泼、欣欣向荣的景象。

民主制度下个体地位的提高促使学者们关注个人在社会生活和思想文化发展中的地位问题，苏格拉底的说教“认识你自己”已成为希腊人的格言。

他告诉世人：人并不是全知全能，人是在一个不断自我认识、自我反思的过程中把握自己的；人发展或认识的真正动力正是在这种不断认为自己有缺陷的基础上进行的。因此，人的思想的出发点应立足于内，而不是诉诸于外。这样他就为个人的自由找到了真正的基石。同样，当时最大的智者普罗泰戈拉，也曾在雅典讲学，他的著名格言是“人是万物的尺度”。这同样肯定了个人在世界上的自主权利。

古希腊执政官伯里克利斯

在古代希腊就已出现“在法律面前人人平等”的思想，希腊的“历史之父”希罗多德在所著《历史》中，亚里士多德在《政治学》中，都表达了这一观念。它保证了每个公民享有充分自由活动的权利，并能够维护其尊严和个人的独立自主意识。在这样的社会里，每一个人既有一定的义务，但同时又有别人所不可侵犯的权利。因此，每一个人都是自己的主人，而不是别人的奴隶。这就是西方文化中个人主义的精髓。就此而言，近代和现代西方文化的发展是希腊文化的延伸。

在中世纪的欧洲，人们盲目追求的神性严重地压抑了人性，在极端强大的神权面前，个人的价值和权利完全被漠视，并且被随意践踏。然而，随着资本主义的兴起，古希腊文化中的个体意识，个人自主、自由的思想和民主传统促进了近代欧洲个性解放的到来和个人主义人生观的形成。

◎ 个人是一切的出发点

但丁宣告“人的高贵超过了天使的高贵”以后，文艺复兴的序幕便揭开了，黑暗而漫长的中世纪终于结束了。历史的车轮从此由以神为轴心转向以人为中心。人不再是神和教会的奴仆，人成为人自己，成为青春和生命本身。支撑这种信念的就是刚刚兴起的、有强大生命力的资本主义的历史潮流。它鼓励人向神和教会的至上权威挑战，引导个体发现自我。可以说，文艺复兴是真正意义的个人主义时代的开始。这种个人主义成为以后西方伦理思想、社会心理和人生哲学的基本格调。

基本小知识

文艺复兴

文艺复兴是指13世纪末在意大利各城市兴起，以后扩展到西欧各国，于16世纪在欧洲盛行的一场思想文化运动，带来一段科学与艺术革命时期，揭开了近代欧洲历史的序幕，被认为是中古时代和近代的分界。马克思主义史学家认为是封建主义时代和资本主义时代的分界。13世纪末期，在意大利商业发达的城市，新兴的资产阶级中的一些先进的知识分子借助研究古希腊、古罗马艺术文化，通过文艺创作，宣传人文精神。

文艺复兴时期人文主义者的个人主义核心是把个人当作一切的出发点，真正完成了对个人的发现。这个时期的个人主义特别强调个人的特殊价值，撇开种族、民族、家族、党派和社团，以突出个人的地位，追求个性的自由发展，有的人甚至赤裸裸地把自己抬高到社会、民族、国家之上，表现出极端的个人主义。意大利思想家瓦拉说："对我来说，我的生命要比整个宇宙的生命有更大的幸福。"至于国家、民族当然等而下之。瓦拉把个人幸福与爱国主义对立起来，说为国家牺牲自己的生命的烈士是无法理解的，因为烈士之死是希望祖国不致灭亡，但他既然已死，对他而言，祖国不也就随之死亡了吗？这种思想的产生是与当时意大利政局相关的。当时意大利需要统一，可君主们为了自己的私利不愿联合，异族入侵，危在旦夕，他们为了保护自己的既得利益置国家安危于不顾，甚至还乞求外族强敌援助自己。显然，牺牲个体的生命去维护这种君主的统治是完全不值得的。

这种极端的利己主义到文艺复兴后期得到进一步发展。蒙台涅便是这种思潮的代表。他把个人利益与他人利益完全对立起来，将个人作为生活的最高目的。他说："我们为他人生活已经够多了；让我们至少在这余生中为自己生活吧。让我们的思虑和注意返向我们自己以及我们的安乐吧。"这里，个人绝对高于他人，高于社会。为了前者，必须抛弃后者；必须牢牢记住：只有自己才是目的，而其他人都是实现这一目的的手段。

为了高扬人的地位，人文主义者竭力反对教会的至上权威，抨击奴役人性、扼杀自由的教条，宣扬自由意志论。应该说，自由意志论是个人主义倾向的必然结果和具体表现。但丁十分强调意志自由，认为它是自由的"第一原则"，而意志自由便是判断自由、行为自由。这种自由观，是对中世纪预定论的批判，并且强调行动，因而超越了他的同时代人的自由观。法国文学家拉伯雷在小说《巨人传》中更形象地袒露了意志自由观：想做什么，就做什么。

人文主义者强调自由是为了反对人匍匐在"神圣"教会的门槛前面，是为了摆脱禁欲主义的枷锁。他们大多仍信奉上帝的存在，但反对教会对人性的摧残，反对教会对世俗生活的贬黜。他们只要求自然的、感性的生活。这种享受世俗生活的人生观在意大利思想家彼特拉克"我是凡人，我只要求凡人的幸福"的命题中充分显现，成为当时人文主义者的共同口号。

在追求完全的个性自由和要求凡人的幸福上，蒙台涅的个人主义表现得较为彻底。他不但揭露教会的野蛮和残忍，更怀疑上帝的存在，认为上帝是虚无缥缈的，基督教神学宣扬原罪说是不足信的。在蒙台涅那里，人成为世界的真正主人，在人身上没有超自然的神的束缚。人作为无罪的人、自由的人载入历史史册。而那至尊至高的神、那第一原因和最终目的，在他那里消失了。这是文艺复兴运动人道主义观点最大胆的表述，对个人主义人生观的发展起了极大的促进作用。

文艺复兴运动造就了一大批伟人巨匠，他们几乎都是个人主义的信徒。他们崇尚自由，追求自我的解放和发展，强调个人至上，反对教会和它实行的禁欲主义。英国大文豪、杰出的人文主义戏剧家威廉·莎士比亚就是为追求自由和个性的发展离家出走，去从事自己喜爱的但为当时世人所鄙视的戏剧。他没有步前人的后尘，去摘那顶世人羡慕的、闪着金光的诗人桂冠。他依靠自己的辛勤劳作和非凡的才能终于跻身上流社会，并为自己挣得了一笔相当可观的财富。

时代推出伟人，而伟人又强化了时代氛围，推进了整个社会思潮的进步，激发了每个“个人”的觉醒，推动了一个持续的、以追求个性自由、谋取世俗幸福为目标的资本主义运动的发展。文艺复兴作为中世纪和近代的中介，不可避免地带有两重性，由于过分强调个人，往往带有绝对性和幼稚性。它是中世纪否定个性的“反题”。成为通向近代合理利己主义的“合题”的一个重要中间环节。

◎因信仰而自由的个人

文艺复兴时期的人文主义提倡人性以反对神性，提倡人权以反对神权，提倡个性自由以反对中世纪的宗教桎梏，强调“人”是现实生活的创造者和享受者，反对中世纪抹杀人性否定此生的来世观念和禁欲主义，主张文学、艺术、科学皆以人为服务对象，以人为思考中心，促使人的思想、情感、智慧和创造潜力从神学的束缚中解放出来。

宗教改革学说则以宗教的形式、神学的术语表述了同一思想。德国宗教改革的旗手马丁·路德以“因信称义”说，从神学理论上怀疑并最终否定了中世纪教会和罗马教皇存在的合法性。在马丁·路德的新教中，宗教简单化了，人们只看到上帝与信徒之间应允和祈祷的不断交汇的关系。曾是中世纪人的救赎中不可缺少的中介人教士阶层，则成了信徒与上帝交汇的障碍。这里，具有决定意义的是个人的内心信仰，一切外在的权威组织、教皇和教会都不再具有昔日的意义和重要性，失去了此岸与彼岸的中介的作用，失去其统治信仰、支配精神的权力。

在路德那里，“人”的地位超乎一切被造物，“我是一个人，这个头衔比一个君主还要高些。原因是：神并未曾创造君主，神只创造人，使得我成为一个人。”同样，路德新教中的上帝也不再是那个要求人们放弃一切世俗生活、凌驾于万物之上、随时准备惩罚和拯救的严厉的造物主，而是给人以恩典和救赎的慈爱的天父。新教的上帝已从彼岸回到人间，成为人们心中所具有的精神实体。所以，只要信仰基督，便可以自由自在地生活。

路德认为，人的信仰就是人的一切，它正是我们的生命，人只要有信仰，无须任何中介人或代祷者，就可获得上帝救赎的恩典。信仰使得人与上帝面对面，没有任何受造之物居乎其间。人只要有信仰，无须外在的律法和戒律的约束，无须善功和赎罪，就可得到基督的公义和永恒的生命。

马丁·路德像

而信仰又是信徒个人自愿的事，是任何人无权干涉的。在这个意义上，每个人都是自己信仰的主宰，自己精神的主体。这样，个人信仰的独立便决定于个人人格的独立。

路德反对中世纪的禁欲主义。他的新教为人们的世俗享受宣布了上帝的恩准。由于个人的信仰成为个人行为的最高主宰，因此有信仰的人，只要他认为自己的行为上帝会赞许，便可以自由自在地做他想做的一切。由于信仰，不仅人的原罪已被克制，而且本罪也会很容易得到宽恕。衣食男女，乃至追求正当的生活，是人之天欲，并不是罪过；修道院誓约、禁食、苦修、朝圣、圣物崇拜等，都是不必要的，因为这些行为是以外在表象为称义之本，实际上是否定基督；还有修道的三戒即童身、服从和贫穷，都是没有《圣经》依据的，婚姻应当成为自由的，即便是神父，教皇也无权禁止。路德本人就以实际行动向天主教森严的戒律挑战。1525 年，他 42 岁时，与一个还俗的修女结婚，生儿育女。路德还为小儿子约翰作了《马槽歌》，现在此曲仍是西方各国儿童所喜爱的圣诞颂歌。路德是个极有个性、极富人性、极善探索的人，他热爱自然，追求自由和世俗享受，他具有诗人的气质和音乐家的天赋。追求现世的自由和享乐，肯定个人的意义、价值，不仅在路德的新教学说中，且在路德本人身上得到了充分的表现。

路德学说中充满要求摆脱精神奴役、追求自由的强烈的个人主义，这体现了时代的精神，符合近代历史发展的趋势，因此，路德成为新兴的资产阶级思想的代言人。

加尔文像

另一个宗教改革家加尔文尽管不主张追求和享受世俗生活和人间欢乐，但同样强调个人可以直接面对上帝而无须任何中介，并且竭力鼓励人们大胆地创造、刻苦地工作，激发人们去赚钱、去发财、去获得成功，以此来荣耀上帝。这种思想表面上看起来与崇尚自由的个人主义毫不相干，它提倡日常生活的克勤克俭、清心寡欲，但实质上它却从事业的角度鼓舞了个人的自由奋斗、大胆创造的精神。这种说教是充满浓厚的功利色彩的个人主义，它与资本原始积累时期资产阶级的愿望、要求和生活方式完全吻合。因此，加尔文新教影响产生的社会精神被马克斯·韦伯称为“资本主义精神”。

◎社会利益是个人利益的合成

个人主义尽管在反对教会的人性压抑和思想束缚以及在反对封建专制主义的人身压迫的斗争中起过非常积极的作用，但是这种人生哲学如果单纯地理解为主张个人利益高于他人和社会的利益，那么，逻辑上的推论与实际中的结果便是自私自利，损人利己。为了避免这种自我中心主义，西方一些哲学家主张将个人利益与社会利益相结合，提出社会利益是个人利益的合成，这是又一种个人主义人生观。

英国哲学家洛克从获取个人最大的、长远的快乐和幸福的动机出发，说明人也要注重社会利益和他人利益。他指出，人的行为一方面服从着自然感性欲望的驱使，另一方面又受理性的支配，这才使他们在追求满足与快乐时，不单纯图谋眼前暂时的利益和快乐，而是力求最大的快乐和幸福，不单纯注重个人的利益，而且也考虑到他人的利益。

洛克认为，人天性追求幸福。而幸福本身具有不同量的规定，有“最大的”、“真正的幸福和快乐”，也有“最低限度的”幸福和快乐。要得到“最大的”、“真正的幸福和快乐”，就必须不为暂时表面的快乐所陶醉，要用理性来调节自己的追求，指导自己对各种感觉进行正确的分析判断，权衡利弊，放眼远量，把握住人生的真正幸福和最大快乐，切勿以小失大，以近障远。洛克还进一步指出，人要有远虑，有远虑即有德。这种远虑就是要考虑把个人的幸福与他人和社会的利益结合起来。长远地看，个人利益与社会利益是不悖的，而且，只有顾及他人和社会的利益，个人的利益和幸福才有最终的保障。“因此，人可以选择一种较远的善，作为自己所追求的目的。”他又说人在“保护自身不成问题时”，“应该尽其所能保存其余的人类。”这里，洛克不但否定了中世纪扼杀个人利益的禁欲主义人生观，而且也批判了极端个人主义。

与洛克同时代的荷兰哲学家斯宾诺莎也认为，要实现个人利益的途径就是通过理性来把个人利益与他人利益、社会利益结合起来。两者的不同之处在于洛克的前提是在“保存自身不成问题”的情况下，而斯宾诺莎虽然认为自保是最终目的，但为了自保，必须利他利群，在一定条件下，有必要牺牲个人利益以图最终的利己。斯宾诺莎的理性利己主义人生观，后来成为欧洲大陆唯物主义的人生原则，爱尔维修、费尔巴哈、车尔尼雪夫斯基等都深受影响，并逐渐导向了合理利己主义人生观。而洛克则把个人利益和社会利益的关系问题直接导向了功利主义的结论。

英国哲学家边沁把社会的幸福化解为个人的幸福，他明确、自觉地意识到个人幸福与“最大多数人的最大幸福”不同。他在论述“功利”时说：“如果这里的当事者是泛指整个社会，那么幸福就是社会的幸福；假如是具体指一个人，那么幸福就是那个人的幸福。”他认为，社会只是一种虚构的团体，它是由个人集合而构成的，个人不存在，社会也就不存在；不懂得个人，就无法了解社会。社会幸福也是由个人幸福集合而成，没有个人幸福，便没有社会幸福；不懂得个人幸福，也就无法了解社会幸福。人人追求自己的快乐，这是天经地义的事情。可见，从起源和重要性上讲，个人和个人幸福都在社会和社会幸福之先、之上。

密尔像

19 世纪上半叶英国另一位哲学家密尔还进一步用利己主义解释利他主义。他认为人是在社会中生活的，要维持社会生活，就必须顾及一切人的利益，只有无损于他人，共同的生活才有可能。而共同的生活是需要合作的，既有合作，就会把公共利益作为他们的共同目的。共同目的使他们觉得顾及他人利益比自己更有益，于是就有了利他主义。在这里，利己的天性和利他的行为终于统一了。可以说，这是密尔的一大贡献。但是在整个社会根本没有共同利益可言的时代里，这种利他理论只能是一曲维持资本主义秩序的高调，是没有现实必然性的说教。

很显然，“合成说”在理论上是片面的，因为整体利益并不完全是个人利益的简单相加的总和，尤其是在利益冲突普遍存在的社会里。如果真如边沁、密尔所认为的那样，那么每一个利欲熏心的资本家都有理由把自己打扮成道德楷模，这就是这种“合成论”的个人主义人生哲学在欧美资本主义社会没有广泛盛行、持久不衰的缘由。

◎主观为自己，客观为他人

启蒙思想家和 19 世纪欧洲人本主义者主张合理的利己主义，他们首先从人性论上论证利己动机合乎人的天性。在人性论领域，他们都是感性主义者。爱尔维修说："人是能够感觉肉体的快乐和痛苦的，因此他逃避前者，寻求后者。就是这种经常逃避和寻求，我称之为自爱。"而"自爱是自然铭刻在我们心里的感情"。同样，费尔巴哈也从感性主义人性论出发，认为人既然是一个自然的本质，为了维护自己的生命和存在，为了感官的欲望，人必然是追求自我保存，必然是汲取一切有利于自身和享受的东西，逃避危害生命和引起痛苦的东西。因此人的本性必然是利己的。按费尔巴哈的观点，利己主义是根植于人的生理的新陈代谢之中，因而与人的生命共存亡。他说："这种利己主义和我的头一样是这样紧密地附着我，以至如果不杀害我，是不可能使它脱离我的。"

人生行为中尚有顾及他人利益或能够尽义务的，然而在合理的利己主义哲学家看来，它们实际上都是为了自己。如费尔巴哈就认为利他或尽义务是出自人的追求幸福的愿望，与人的自爱自保相一致。尽义务，是为了谋取好处。费尔巴哈反对康德那种为尽义务牺牲自己幸福、生命的说教，认为这违背道德原则、违背人性，是一种悲剧。同样，车尔尼雪夫斯基也认为，关心他人、顾及他人利益只有在两种场合下才会产生：第一种场合是对自己的精神生活有裨益，能够给自己以精神上的满足；第二种场合是当一个人的命运依靠着自己，如果不去关心他就于心不安。归根结底，关心他人、顾及他人利益，最终目的是为了自己。

车尔尼雪夫斯基像

众所周知，利己主义常常表现为自私自利、唯利是图、明哲保身、损人利己等不道德的行为，人本主义者怎样使利己主义摆脱这样的处境呢？也就是说他们是如何使利己主义合理化的呢？爱尔维修和费尔巴哈力图把个人利益与他人利益、个人幸福与社会幸福结合起来。爱尔维修说:“具有美德的是那样的人，他的强烈情欲是如此和谐地和社会利益相一致，以至他几乎任何时候都必然是合乎道德的。”当然，靠牺牲个人切身的、公正的和正确理解的利益来满足社会利益，那么，这个社会将不可避免地注定崩溃。可见爱尔维修是反对牺牲个人利益的。

那么，如何满足个人利益呢？这里关键是要正确理解个人利益。欲望有“当为”与“不当为”之分，正确理解的欲望才是当为的：首先，它放弃较小的快乐，节制自己，乐于忍受暂时的痛苦以获得长久的、更大的幸福；其次，为了维持自己的生存和种族的繁衍，人必须经营共同的生活，结合成为社会，不得不与人为善，注意社会福利。这就要求正确处理个人与他人的关系，必须做到在满足个人利益的同时，不得损害他人和社会的利益，损害他人也就破坏了他人要求幸福、财产的天赋权利，破坏了神圣的法律对每个社会成员的保护。在爱尔维修看来，财产均等，是幸福均等的唯一方法，财产均等既是社会利益，又是个人不可剥夺的神圣权利；第三，个人利益包括在公共利益之中。尽管追求公共利益的目的，归根结底是为了个人利益，但不把个人幸福寄托在公共利益之中，个人利益就无法兑现。所以，必须“做到把个人利益与公共利益紧密地联系起来”，这便是合理利己主义。

同样，费尔巴哈也把自己的利己主义看作是“完全的合理利己主义”。他认为，他所谓的利己主义，与利他、利社会并不矛盾。人们的利己心必然地、内在地包含着利他的要求和趋向，因为人们的利己之心，如果没有他人的参与和协同，是绝对不可能得到满足的。例如性爱，男女双方只有以异性的存在和幸福为前提，才能使自己的利己要求得到满足。所以，费尔巴哈说:“不管人们是否有善良意志，利己主义的人从母亲的胎内出来后，就必须与自己周围的亲人们共同分享人生的幸福。”这就是“完全的合理利己主义”。

如何才能保障这种合理利己主义的实现呢？爱尔维修寄希望于天才造就

的“好法律”，因为这种法律“将会让公民们顺着他们要求个人幸福的倾向，把他们很自然地引导到公共幸福上去”。而费尔巴哈则寄托于“爱”的身上，企图以爱来消弭人类社会的一切矛盾和利益冲突。

而车尔尼雪夫斯基则把“主观为自己、客观为他人”作为调节个人与他人、社会关系的准则，作为人们选择行为和评价行为的标准。在他看来，人的利己本性，决定了人都是去获取大的利益而放弃、牺牲小的利益，为满足最强烈的欲望而牺牲不够强烈的嗜好，也即“怎样做更愉快，人就怎样做，他的出发点是放弃较小的利益或较小的满足以获得较大的利益或较大的满足”。这是一个关于人生的理论公式。车尔尼雪夫斯基提出人的行为出于利己的动机，但是行为的效果却不应当损害他人和社会，更不应作恶犯罪。相反，人的行为效果应当有利于多数人，如果能够有利于整个民族，有利于全人类，那么，这种行为就是最高的善。这就是说，从利己动机出发，做出最有利于人类的行为，主观上为自己，客观为别人，为人类。在车尔尼雪夫斯基看来，这种利己主义是合理的，它应当成为人们行为的规范，应该是未来一代“新人”所具有的人生观。

◎善的本质就是真正满足要求

美国的个人主义人生观显示出其独有的特征，它特别强调让个人任意地获利，自由地去夺取成功。美国人处于新大陆，他们无须背着欧洲那个沉甸甸的“传统”的包袱，他们完全可以自由不羁地追逐个人的发展、成功、利益、效用。可以说，美国占统治地位的意识形态充满了功用主义和个人主义精神，美国整个社会崇尚创新、实效、金钱和实力。

美国哲学家杜威，他的思想对美国精神生活的影响很深。在杜威看来，无论是自然科学还是伦理学，都只不过是人获取实利的工具。“当物理学、化学、生物学、医学有助于具体的人类苦难的考察和救治计划的发展时，它们就是道德的，它们就是道德研究和道德科学的一套用具。”纯粹的、一般的观念、理论和准则、规范必须能使个人得到好处，如果它们“不能给予单个的活生生的个人的行动以某种绝对无误的确定指示”，那么是毫无意义的。它们只有在一定的、具体的实际行动当中，也就是说在每个个体的某种“境遇”当中，才能确定其正确性。而这种正确性不在于其本身，而在于它是否适宜，是否有用。“有用”能给我们带来“方便”、“利益”，因而是正确的，是真理。而“有用”的根据则为是否满足我的愿望和利益。在这里每个个人可以完全自由地选择为自己所需、对自己有利、于自己方便的生活方式。社会规范、道德准则只不过是虚构的抽象，对个人不存在约束力。只有在具体的、单个的个体的实践、行动中，给个体带来利益、方便、效果的，才能成为真理。

根据杜威的人生哲学，自由地、毫无顾虑地追求个人利益，是一切行为的根本出发点和归宿，而衡量行为的善恶好坏的唯一尺度便是个人利益的满足与否，用另一位美国大哲学家詹姆士的话说：“善的本质就是真正满足要求。”而每个个体由于愿望不同，满足的要求不同，同一个人在不同时期的境遇不同，这就决定了善恶没有一个客观标准，全凭个人在具体的境遇中，按照自己的愿望、要求自由地构造道德价值，决定自己的行动。所以善在任何时候都不会有两次是一样的，它在任何时候都不重复自己，只有具体的时间中、具体的条件下的具体的人的善。

在强调人有绝对自由去创造对自己有用即善的价值的前提下，杜威表述了他的幸福观：幸福是每个人在具体的境遇中不间断地按照自己的愿望、志趣，自由地选择和创造价值。发展自身的才能，并由此得到效益和满足。这种幸福观一方面继承了资产阶级古典功利主义的传统，把幸福与个人的需要和愿望的满足，与道德上的善联系起来，但另一方面又反对边沁等功利主义者把幸福与快乐、善完全等同，以及把快乐、幸福看作道德的最终目的的观点。杜威说，幸福只在于行为的不断地“成功”，而不是道德行为所追求的最终目的，他不承认有最终目的。幸福不是一个固定所得，而是个人自我才能的自由发展，是愿望的满足，利益的实现。

杜威也反对把幸福与享乐等同，反对单纯把快乐、满足和享乐当成人生追求的目标；强调个人幸福的获得，要通过个人奋斗，通过主观上不断地努力、不断地克服困难等等。在这点上，他超越了古典功利主义。它把幸福同个人自我才能的实现，同奋斗、成功紧密联系起来，这对美国社会生活的进步起过积极的推动作用。

◎自己主宰，自由选择

随着西方资本主义的高速发展，接踵而来的是人们精神生活的普遍萎缩，情感的无所寄托以及信仰危机等等这些由激烈竞争、快节奏生活带来的一系列问题。如果说近代西方个人主义人生观，以相信科学、肯定理性为前提，以追求幸福为目标，其基调基本上是乐观主义的，那么到了近现代转折期，便出现了很大的变化。科学、理性被认为缺乏“人性”，生命的意义、幸福的目标早已为“现代性的酸”所溶解，变得不可名状，无从把握，如同卡夫卡的“城堡”、贝克特的“戈多”一样神秘、荒谬。人生观变得越来越消极、灰暗，越来越显出非理性、反科学倾向。在十分重视理性、擅长思辨的德意志民族，一连出现两个激烈反理性、反思辨的哲学家：叔本华和尼采。对理性来说，这不能不说是悲剧的诞生。对西方人而言，这无疑是一次严厉的灵魂审判。从此，人生不再如田园牧歌式地充满希望、令人憧憬。

如何面临悲剧性的人生，这就是叔本华和尼采的分野，前者告诉你对注定的悲剧命运要么离尘遁世，要么自我毁灭；而后者则让你直面惨淡的人生，在没有了上帝、没有教会、没有一切可做依附的时刻，人必须“自己寻找自己”，“给自身以意志而抛弃一切服从”，人应该克服自身本性，出类拔萃才能重新为一切新价值立法；要成为一个创新者，首先必须学会控制和主宰自己的欲望；在学会控制自己的内驱力以后，就能够由于自由选择的结果而使自己有所成就。这就是强者的路、主人的道德、超人的所为。尼采让你追求、不断地追求，最后在追求的疯狂中倒下，在他看来这是何等壮观的一举，这是狄奥尼索斯（希腊酒神）精神的再现。

随着尼采宣告“上帝死了”而出现的价值真空，人们深深地领悟到：人，只有人自己才是一切价值的建立者和评判者。这种“价值翻转”的思想震动了现代西方人的心灵，使他们的精神生活发生了根本性的变化。

两次世界大战的创伤加剧了西方世界的双重危机：信仰危机和科学危机。存在主义正是在这双重的大崩溃中看到了自由的光明，在各种幻想破灭的信仰废墟上寻求人的存在的真谛。正因为如此，存在主义得以在上世纪 20 年代的德国，40、50 年代的法国兴起发展，它顺应了一种时代的趋势，迎合了一种历史心境。

存在主义最根本的特点就是把人的存在——人的个体存在作为哲学研究的首要对象。它认为，人的存在是孤立的个体的存在，每个个体都具有独一无二的、与众不同的特征，这种特征构成了人的独特的个性与本质，构成了人的真正的存在。并且这种人的存在只有在个人与他人、社会的分离与孤独中才显现出来。这种人的存在是人的自我即个体的主观性的存在，最初是作为纯粹主观的、虚无的、没有任何规定性也没有本质的存在。人所具有的各种具体的特征和规定性是人后来完全按照自己的意志进行选择和创造的结果。正如萨特所说："首先是人存在、露面、出场，后来才说明自身。……人之初，是空无所有，只是后来，人要变成某种东西，于是就按照自己的意志而造就他自身。"这就是存在主义的第一原理"存在先于本质"。

从"存在先于本质"出发，萨特又提出了"人的自由"问题。萨特认为，由于人的存在是孤独的、个别的，最初是"空无所有"的，因而人是绝对自由的，他要不断地超越，不断地自我造就。人世间不存在设定人类本质的上帝，而唯有人自己才是自己的设定者。所以人的这种自由不但是绝对的，而且是"命定"的，除了自由本身以外，不可能在人的自由中找到别的限制。

正因为人是绝对自由的，存在主义认为，人总是要不断地进行选择、决定，并对自己的一切行为负责任。所以人在任何时候都无法避免忧虑不安和烦恼畏惧，甚至不能避免绝望的心情。萨特说："任何人如果专心致志于自己，并明白他不仅是他自己所挑选的人，而且也是同时挑选全人类和自身的立法人，那么，他就无法避免掉他的全面的和深切的责任感。"人的自由性决定了人要为自己、为全人类、为世界承担责任，这是"后无托辞，前无辩护"的。"自由"就是人所不堪承担但又不能不承担的重担。

概括而言，存在主义是这样一种个人主义：它把所有的一切都归结为个人的主观性，把所有的责任都推向个人。这是一种在精神上绝对自由的而在现实中常常要碰壁的个人主义。

西方个人主义人生观随着西方文明的发展，理论逐步深化，内涵不断丰富。它的各家理论各有特色，但是它们有一个共同思想，即个人价值高于一切；有一共同的目标，即追求个人自由和个人利益。显然，作为一种价值观念的个人主义，在促进人类其他基本价值观念实现的同时，也常与它们发生尖锐的矛盾和冲突。个人主义人生哲学正是在这种矛盾和冲突中不断改变自己的形式，克服自己的局限性，以适应当时社会的需要。显然，这种矛盾和冲突将继续存在。可以预见，追求自由的西方个人主义人生观将会继续改变自己的理论形式，提出新思想，以解决面临的新问题。

在变化与进步的时代，年轻人要有高尚的人生目的和正确的人生观、价值观，努力做一个纯粹的、没有低级趣味的人，用智慧创造美好的未来。